한 끗 어휘력

일러두기

1. 이 책의 내용은 《표준국어대사전》 또는 '우리말샘'에 나오는 어휘의 정의를 바탕으로 설명했습니다.
2. 어휘의 정의는 변할 수 있으며 사전에 새로운 정의가 추가되기도 합니다.
3. 어휘의 사전적 정의 이상의 내용은 상식선에서 꼭 필요한 것만 설명했습니다. 더 자세한 내용은 관련 서적을 참고하세요.
4. 어휘를 활용하는 맥락과 상황에 따라 속뜻이 사전적 정의와 달라질 수 있으며, 특히 전문 용어는 사전적 정의와 별개로 다른 뜻을 가질 수 있습니다.
5. 2~4장 각 면 가장 위에 나오는 어휘의 정의는 사전에 나오는 첫 번째 정의를 쓰되, 두 번째 또는 세 번째 정의를 쓰기도 했습니다.
6. '단어'는 독립해서 쓸 수 있는 최소 단위이고 '어휘'는 어떤 일정한 범위 안에서 쓰는 단어의 수효 또는 단어 전체를 의미합니다. 이 책에서는 기본적으로 '어휘'라는 표현을 쓰되, 단어적 속성을 강조할 경우에는 '단어'라고 표현했습니다.
7. 사전적 정의나 속담, 출처가 분명한 대사나 말을 그대로 인용할 경우에는 큰따옴표를 썼으나 이 밖에 예시로 만든 문장 등은 작은따옴표를 써서 표시했습니다.

어른의 문해력 차이를 만드는

한 끗 어휘력

박선주 지음

매일경제신문사

여는 글

요즘 궁금한 게 생기면 어디에 찾아보세요?

책? 포털 사이트? 유튜브? 과학기술정보통신부에서 발표한 2024년 2분기 '무선데이터 트래픽 통계 현황' 자료를 보면 동영상에서만 55.2%의 트래픽이 발생했다고 해요. 반면에 네이버, 다음 같은 웹포털 사이트에서는 단 14.8%의 트래픽만 발생했다고 하니 바야흐로 동영상의 시대가 아닌가 싶습니다. 정보를 찾기 위해 책을 찾아보던 사람들이 포털 사이트 검색 시대를 지나 이제는 유튜브 영상을 본다는 것이 놀라운 일도 아닙니다.

공교롭게도 문해력 논란이 일어난 것도 동영상 플랫폼이 흥했을 때부터였습니다. 동영상 중심의 콘텐츠 소비가 문해력 저하를 야기한다는 사실은 이제 두말하면 잔소리가 됐죠. 그런데 한편으로는 제가 만약 '금일'을 '금요일'로, '중식 제공'을 '중국 음식 제공'으로 알아들었던 사람이라면 조금 억울했을 것 같습니다. 애초에 말을 헷갈리게 써 놓고 나한테 문해력이 낮다느니,

그래서 문제라느니 온 나라가 시끌시끌했으니까요. 사실은 한 끗 차이였는데 말이죠.

'금일'이 '금요일'과 비슷하게 생긴 것도 사실이고 '중국 음식'과 '점심' 모두 글자가 '중식'으로 같은 것도 사실이잖아요? 비슷하게 생겨서 헷갈렸을 수도 있죠. 아니면 차라리 처음부터 쉽고 정확하게 구별할 수 있는 말로 써 줬으면 이런 일도 없었을 것입니다. 게다가 이제는 아침에 일어나서, 출퇴근길, 쉬는 시간, 그리고 잠들기 전까지 하루 중 책보다 동영상을 더 쉽게 접하는 시대인데 문해력 타령이라니요.

그런데 중요한 건 이 한 끗 차이가 결정적인 문해력 차이를 만들어 낸다는 사실입니다. 단순히 '비슷하니까 헷갈려도 돼'라고 여기며 끝낼 문제가 아니라는 것입니다. 이 한 끗 차이로 인해 말이나 글을 제대로 이해하지 못해 오해가 생기고, 심지어는 상식이 없는 사람으로 낙인이 찍히거나, 섬세한 표현으로 나의 교양을 드러낼 기회를 잃게 될 수도 있습니다.

또한 동영상 콘텐츠가 주류인 이 시대에도 사람들은 여전히 문해력을 중요하게 여긴다는 게 이번 논란을 통해 드러났다고 생각합니다. 만약 문해력이 중요하지 않다면 애초에 문제가 되지도 않았겠죠. 이런 상황인데, 나 혼자 덮어 두고 모르는 척할 수만도 없는 일입니다.

사실 문해력 논란이 됐던 말들의 대부분은 어휘의 뜻을 모른다는 게 문제였습니다. 그리고 헷갈렸던 어휘들의 대부분은 정말 한 끗 차이로 틀린 거였고요. 실제로 어휘의 비슷한 생김새 때문에 문제가 되는 경우가 많습니다. 아예 다른 건 헷갈리지 않지만 비슷해서 헷갈리는 것이죠. 이 책은 여기서부터 출발합니다. 어휘의 한 끗 차이가 결국 내가 쓰는 말과 글의 결정적인 차이를 만듭니다.

만약 '금일'과 '중식 제공'을 알고 있다면 나는 어휘력 논란에서 자유로울까요? 아닙니다. 우리가 세상에 있는 모든 어휘를 다 알기는 어렵습니다. 정도의 차이일 뿐, 저를 포함한 모두에게 마찬가지입니다. 어휘는 계속 공부해 나가야 합니다. 다만 소통을 할 때 오해를 하지 않기 위해, 상식 수준의 글을 이해하기 위해, 교양 있게 표현하기 위해 필요한 어휘들이 있습니다. 이 책은 그런 어휘 100개를 모아 사전의 뜻을 바탕으로 정리한 책입니다.

그렇다면 당장 유튜브를 지우고 하루 종일 책만 읽는 게 좋을까요? 글쎄요. 저 역시 유튜브 '모던걸 교양살롱' 채널을 운영하고 있는 걸요. 단순히 매체의 문제가 아닙니다. 중요한 건 나를 더 나은 사람으로 만들어 줄 양질의 콘텐츠입니다. 저는 그 마음으로 유튜브 영상을 만들고 있습니다. 그리고 이 책도 그 연장선상에 있고요. 이에 다시 한번 동영상의 시대에 이 책을 선택해 준 여러분에게 감사 인사를 드리며 이 책이 부디 여러분의 삶에 도움이 되는 양질의 콘텐츠가 되길 바랍니다.

2024년 가을
박선주 드림

차례

여는 글 **4**

1장 한국어 못하는 한국인

나는 한국어를 잘할까? **16**
중요한 것은 글의 재료인 어휘이다 **18**
어휘의 3가지 영역 **21**

2장 오해의 영역: 올바르게 표현하기

001 호랑이가 죽어서 남기는 것은? | **가죽과 거죽** **26**
002 둘은 같은 뜻 아닌가? | **갑절과 곱절** **28**
003 '걷'이라는 글자에 점 하나만 찍으면 | **걷잡다와 겉잡다** **30**
004 '결딴'은 틀린 말 아닌가? | **결단과 결딴** **32**
005 같은 듯 같지 않지만 같아 보이는 | **그러므로와 그럼으로** **34**
006 '꼬리'는 아는데 '꽁지'는 뭐지? | **꼬리와 꽁지** **36**
007 이어폰을 귀에 꼽다? 꽂다? | **꼽다와 꽂다** **38**
008 난이도가 높다고? | **난도와 난이도** **40**
009 '한 뼘 너비'일까, '한 뼘 넓이'일까? | **너비와 넓이** **42**
010 넙죽한 얼굴이 고민이라면? | **넓죽하다와 넙죽하다** **44**
011 이거 보면 깜짝 놀랄걸요? | **놀라다와 놀래다** **46**

012 안 틀리는 사람 찾기가 더 힘들어요 | **대와 데** 48
013 나물할 때 없는 맏며느리? | **데와 때** 50
014 저는 화를 돋군 적이 없어요 | **돋구다와 돋우다** 52
015 두꺼운 외투를 입어야 따뜻합니다 | **두껍다와 두텁다** 54
016 뒤처지기도 뒤쳐지기도 싫어요 | **뒤처지다와 뒤쳐지다** 56
017 내 귓속에 개가 있다? | **먹먹하다와 멍멍하다** 58
018 모든 걸 알려 줄 테니 뭐든 물어보세요 | **모든과 뭐든** 60
019 무리를 일으켜 죄송합니다? | **무리와 물의** 62
020 밤새지 말란 말이야 | **밤새다와 밤새우다** 64
021 옷에 냄새가 배다? 베다? | **배다와 베다** 66
022 라면이 불었지만 불지는 않는 이유 | **붇다와 불다** 68
023 갈등이 붉어진다고? | **불거지다와 붉어지다** 71
024 틀린 것 같아도 '사달'이 맞습니다 | **사단과 사달** 73
025 '상서로운 말'은 좋은 뜻일까, 나쁜 뜻일까? | **상서롭다와 상스럽다** 75
026 '스러지다'는 없는 말이다? | **스러지다와 쓰러지다** 77
027 '알갱이'와 '알맹이'의 차이는? | **알갱이와 알맹이** 79
028 엄한 사람 잡지 마세요? | **애먼과 엄한** 81
029 정말 어의가 없네? | **어이와 어의** 83
030 '에'와 '에게'를 구별해야 할 때 | **에와 에게** 85
031 '유래'와 '유례'는 모두 찾기가 힘듭니다 | **유래와 유례** 87
032 연극의 출현진을 소개하겠습니다? | **출연하다와 출현하다** 89
033 한창 바빠 보여서 한참을 기다렸어 | **한참과 한창** 92

[복습 문제] 조금 더 적절한 말을 고르세요 94
[쉬어 가기] 어휘는 계속 생기고 사라져요 96

3장 상식의 영역: 정확하게 표현하기

- 034 그래서 된 거예요, 안 된 거예요? | **가결과 부결** 100
- 035 하나는 합법, 하나는 불법이다? | **감청과 도청** 102
- 036 누가 신고하느냐에 따라 다르다 | **고발과 고소** 104
- 037 경찰에 소장을 제출한다고? | **고소장과 소장** 106
- 038 시간을 가로와 세로로 나누는 법 | **공시적과 통시적** 108
- 039 죄를 지어도 교도소에 안 갈 수 있다? | **교도소와 구치소** 110
- 040 알았다가도 잊어버리는 그 말 | **귀납법과 연역법** 112
- 041 약물의 남용과 오용의 차이 | **남용과 오용** 114
- 042 냉전과 열전 사이 | **냉전과 열전** 116
- 043 명태의 다른 이름들 | **동태 / 북어 / 생태 / 코다리 / 황태** 118
- 044 사장님 필수 어휘 | **매출과 이익** 120
- 045 둘 중 뭐가 더 몸에 좋을까? | **무농약과 유기농** 122
- 046 법대로 하자고? 무슨 법대로? | **민사와 형사** 124
- 047 코로나19는 바이러스일까, 세균일까? | **바이러스와 세균** 126
- 048 엑스선의 발견일까, 발명일까? | **발견과 발명** 128
- 049 말과 글의 차이 | **번역과 통역** 130
- 050 작은 병원과 큰 병원의 차이 | **병원과 의원** 132
- 051 결혼식에 내는 것은? | **부의와 부조** 134
- 052 우리 회사가 판매하는 것은? | **상품과 제품** 136
- 053 누가 나쁜 사람일까? | **원고와 피고** 138
- 054 19세는 술을 마실 수 있을까? | **이상과 이하 / 초과와 미만** 140
- 055 안주 일절? 안주 일체? | **일절과 일체** 142

056 나는 임대인일까, 임차인일까? | **임대와 임차 144**
057 자료와 정보의 긴밀한 관계 | **자료와 정보 146**
058 유의해서 봐야 하는 경제 용어 | **자본과 자산 148**
059 축하를 표현할 때와 애도를 표현할 때 | **주기와 주년 150**
060 올해 중순에 대박이 날 운세이다? | **중반과 중순 152**
061 누가 돈을 빌린 사람일까? | **채권과 채무 154**
062 논리적 사고의 시작 | **충분조건과 필요조건 156**
063 기사에서 자주 보는 그 기호 | **퍼센트와 퍼센트포인트 158**
064 누가 피해를 당한 사람일까? | **피의자와 피해자 160**
065 헷갈리면 안 되는 우리말 상식 | **한국어와 한글 162**
066 백신을 맞으면 몸에 형성되는 것은? | **항원과 항체 164**

[복습 문제] 조금 더 적절한 말을 고르세요 **166**
[쉬어 가기] 어휘의 의미는 변하기도 해요 **168**

4장 교양의 영역: 섬세하게 표현하기

067 '가관이네'와 '장관이네' 중 뭐가 욕일까? | **가관과 장관 172**
068 이제 헷갈리지 마세요 | **가늘다와 얇다 / 굵다와 두껍다 174**
069 뭐가 더 공손한 말일까? | **감사하다와 고맙다 176**
070 '자기 개발'과 '자기 계발'은 다르다? | **개발과 계발 178**
071 오늘 점심 뭐 먹을까요? | **국 / 전골 / 찌개 / 탕 180**
072 군에 사는 사람은 시민이 아닐까? | **국민 / 시민 / 주민 183**
073 어느 것이 고향으로 가는 길일까? | **귀경길과 귀향길 185**

074 '향기로운 냄새'는 틀린 말일까? | **냄새 / 내음 / 향기** 187
075 서로 바꿔 쓸 수 있을까? | **능률과 효율** 189
076 '누구 씨'라고 하면 반말이다? | **님과 씨** 191
077 역시 전문가는 틀리네? | **다르다와 틀리다** 193
078 알고 보면 당황스러워요 | **당황하다와 황당하다** 195
079 '대가리'라고 하면 기분 나쁜 이유 | **대가리와 머리** 197
080 잘못 쓰면 싸움 납니다 | **때문 / 덕 / 탓** 199
081 못 한 거야, 안 한 거야? | **못과 안** 201
082 사실 둘은 같은 시간이라고? | **반나절과 한나절** 203
083 그 말이 그 말 아닌가? | **반증과 방증** 205
084 감으로는 알겠는데 정확한 차이는 모르겠는 말 | **벌써와 이미** 207
085 '이 인간아'가 기분 나쁜 이유 | **사람과 인간** 209
086 지금까지 날 사용한 거라고? | **사용과 이용** 211
087 '새 옷'과 '새로운 옷'은 뭐가 다를까? | **새와 새로운** 213
088 우리가 버려야 할 것 | **선입견과 편견** 215
089 하나는 칭찬이고 하나는 욕이다? | **순수하다와 순진하다** 217
090 누가 가장 어릴까? | **신생아 / 아동 / 어린이 / 영아 / 유아** 219
091 이제는 정확하게 알아 두자 1 | **아가 / 아기 / 아이** 221
092 이제는 정확하게 알아 두자 2 | **아버님 / 아버지 / 아빠 / 아비 / 부친** 223
093 먹었었었었었어? '었'은 몇 개까지 가능할까? | **었과 었었** 225
094 저희나라에 놀러 오세요? | **우리와 저희** 227
095 사건이 잇달아 발생하다? 잇따라 발생하다? | **잇달다와 잇따르다** 229
096 '장기 자랑'은 있지만 '특기 자랑'은 없는 이유 | **장기와 특기** 231
097 업무에 참고하다? 참조하다? | **참고와 참조** 233
098 구별해서 쓰고 있나요? | **피곤과 피로** 235

099 피란민이 발생했다고? | **피난과 피란** 237
100 빨래를 말리는 건 햇볕일까, 햇빛일까? | **햇볕과 햇빛** 239

[복습 문제] 조금 더 적절한 말을 고르세요 242
[쉬어 가기] 표준어가 여러 개일 수도 있어요 244

5장 어휘력을 늘리는 습관 5가지

하나, 이 말은 피하세요 248
둘, 다른 말을 생각하세요 250
셋, 사전을 찾아보세요 252
넷, 책을 많이 읽으세요 254
다섯, 뜻을 유추하세요 255

[부록] 자주 쓰는 문장 부호 261
[복습 문제] 정답 266

1장

한국어 못하는
한국인

나는 한국어를 잘할까?

영어 잘하세요?

한국인을 작아지게 만드는 질문이죠. 저 질문에 '네, 잘해요!'라고 자신 있게 대답할 수 있는 사람 있나요? 거의 없을 거예요. 어쩌면 한국어보다 영어를 공부한 시간이 더 길 수도 있는데, 영어 앞에서는 한없이 작아지곤 합니다. 게다가 일상에서 잘 쓰지도 않는 영어 시험은 정말 많이 보는 우리나라 사람들, 누구보다 자신의 영어 실력에 냉정하고 객관적이죠.

그래도 제가 한국어는 잘해요!

영어는 못해도 한국어는 잘한다는 사람들, 정말 그럴까요? 사실 우리나라는 비문해율문맹률이 낮기로 유명한데요. 글자를 읽고 쓰는 것 자체가 어렵지 않아 한국어를 잘하는 것처럼 느껴지기도 합니다. 그런데 이런 경험 한 번쯤 해 본 적 없나요? 말할 때 적절한 어휘가 떠오르지 않아 말문이 막혔던 경험, 똑같은 말을 듣고도 서로 다르게 이해했던 경험, 글을 쓸 때 막막했던 경험, 한글로 써진 글을 읽고 있는데 이해하지 못했던 경험들이요. 조금 더 구체적으로 나열해 보겠습니다.

사람들 몰래 인터넷에 '○○ 뜻'이라고 검색해 본 적(이해)
글에서 글자만 보이고 내용은 이해가 안 된 적(이해)
기사에 어려운 어휘가 나와 바로 스크롤을 내린 적(이해)
긴 글을 읽기 귀찮아 '○○ 요약'을 찾아본 적(이해)
정확한 어휘가 생각나지 않아 '그거, 그거'라고 말한 적(표현)
명절 인사를 보내기 전에 '명절 인사 예시'를 찾아본 적(표현)
전화로는 쉬운데, 이메일로 쓸 때는 설명하기 어려웠던 적(표현)
한국어 어휘가 생각나지 않아 영어 어휘를 쓴 적(표현)

이런 상황들의 공통점은 언어로 적절하게 표현하고 정확하게 이해하기가 어려웠던 경험이라는 것입니다. 언어는 나의 생각을 표현하고 다른 사람의 생각을 이해할 수 있는 도구여야 하는데, 이 도구를 활용하는 데 어려움을 겪은 것이죠. 이런 일이 있으면 서로 소통하는 데 많은 시간과 에너지를 써야 합니다. 즉, 정확하고 효율적인 소통이 어려워집니다.

내가 한국어로 말하고, 듣고, 쓰고, 읽을 수 있어도 그게 곧 한국어를 잘한다는 건 아닙니다. 한국어를 '할 수 있는 것'과 '잘하는 것'은 엄연히 다릅니다. 요리를 '할 수 있는 것'과 '잘하는 것'이 다른 것처럼요. 밀키트로도 음식을 만들 수 있지만 정성을 다해 좋은 식재료를 고르고, 섬세하게 불을 조절하고, 적절한 양의 양념을 배합해 만든 음식에는 비할 수 없죠. 언어도 마찬가지입니다. 말맛을 제대로 내려면 상황과 맥락에 맞는 적절한 어휘를 선택하고, 문법에 맞게 문장을 구성하며, 전체적으로는 논리성과 일관성을 갖는 것이 중요합니다.

혹시 '나만 한국어를 못하는 건가' 싶어 걱정되나요? 걱정하지 않아도 됩니다. 국립국어원에서 실시한 '2020년 국민의 언어 의식 조사'에 따르면 우리나라 국민의 89%가 텔레비전이나 신문에 나오는 말을 이해하지 못한 적이 있다고 해요. 나뿐만이 아닙니다.

중요한 것은 글의 재료인 어휘이다

점점 떨어지고 있는 한국인의 한국어 실력을 한마디로 정리할 수 있는 말이 있습니다. 바로 '문해력 논란'인데요. '문해력'의 사전적 정의는 "글을 읽고 이해하는 능력"입니다. 요즘 사람들은 글을 읽어도 이해를 잘 못한다는 게 문제인 것이죠. 다음은 인터넷에서 논란이 됐던 말들입니다.

- **가제***: 먹는 가재 말하는 거죠? (*임시로 붙인 제목)
- **개편하다***: 정말 편한가 보네요. (*책이나 과정 따위를 고쳐 다시 엮다)
- **고지식하다***: 지식수준이 높다는 뜻이군요? (*성질이 외곬으로 곧아 융통성이 없다)
- **금일***: 금요일 아니에요? (*지금 지나가고 있는 이날)
- **대관절***: 큰 관절? (*여러 말 할 것 없이 요점만 말하건대)
- **무료하다***: 공짜인가요? (*흥미 있는 일이 없어 심심하고 지루하다)
- **무운*을 빌다**: 운이 없길 빌다니 악담을 하는군요. (*전쟁 따위에서 이기고 지는 운수)
- **반감*을 사다**: 감 반쪽을 산다는 뜻인가요? (*반대하거나 반항하는 감정)
- **사서* 선생님께 반납하세요**: 책을 사서 반납하라는 건가요? (*서적을 맡아보는 직분)
- **사흘***: 4일 말하는 거죠? (*세 날)
- **샌님***: 선생님의 새로운 줄임말인가요? (*얌전하고 고루한 사람을 놀림조로 이르는 말)
- **시나브로***: 정말 신나 버려! (*모르는 사이에 조금씩 조금씩)
- **심심한* 사과**: 지루하게 사과를 하다니 더 화가 나네요. (*심심甚深하다: 마음의 표현 정도가 매우 깊고 간절하다)
- **이지적***: easy, 쉽다는 뜻인가요? (*이성과 지혜로써 행동하거나 판단하는 것)
- **중식* 제공**: 왜 한식이 아니라 중국 음식을 주나요? (*점심에 끼니로 먹는 밥)

논란이 됐던 말들을 보고 누군가는 이 정도는 기본인데 이것도 모른다고 생각할 수도 있고, 다른 누군가는 이런 걸 꼭 알아야 하는지 의문이 들 수도 있습니다. 어떻게 생각하나요? 사람마다 의견이 다를 수 있지만 중요한 건 이 말들이 일상에서 많이 쓰는 말이었다는 것, 그럼에도 불구하고 모르는 사람이 생각보다 많았다는 것, 이로 인해 소통에 문제가 생겼다는 것입니다. '금일'을 '금요일'로 잘못 알아들어 약속 날짜가 달라지고, '중식 제공'의 '중식'을 '중국 음식'으로 오해해 괜한 곳에 화풀이를 하고, '심심하게' 사과해서 오만하다는 오해를 사게 되니 말이죠.

이 말들을 모른다는 문제의식에서 시작된 문해력 논란은 '어휘력 논란'에 가까웠다고 생각합니다. 문제가 됐던 말들에 쓰인 어휘의 뜻만 알았어도 문장이 다 이해됐을 것이기 때문이죠. 어휘의 뜻을 제대로 알지 못했던 것이 사태의 핵심입니다. 그만큼 어휘력은 글을 이해하는 데 중요합니다. 물론 내 생각을 글로 표현할 때도 마찬가지이고요.

다시 한번 언어와 요리의 비유를 들자면 어휘는 요리의 재료와 같습니다. 맛있는 음식을 만들기 위해서는 각 재료의 특성을 알고 적절한 재료를 선택해 요리하는 것이 가장 기본입니다. 마찬가지로 말맛을 살리기 위해서는 각 어휘의 뜻을 정확하게 알고 적절한 어휘를 선택해 표현하는 것이 가장 기본이죠. 단맛을 내야 하는데 소금을 넣거나 짠맛을 내야 하는데 설탕을 넣으면 원하는 맛을 낼 수 없듯이, 어휘의 정확한 뜻을 모르고 글을 쓰면 말맛을 살리기 어렵습니다. 각 재료의 특성을 모르고 요리하는 것과 같은 셈이죠. 글은 문장을 구성하는 어휘의 뜻을 정확하게 아는 것에서 출발합니다.

사람마다 어휘를 접했던 맥락과 경험이 다를 수 있어 같은 어휘라도 서로 다른 뜻으로 알고 있을 수 있습니다. 또한 정확한 뜻이 아니라 애매하게 느낌으로만 알고 있을 가능성도 크고요. 이게 바로 사전이 필요한 이유입니다. 사전에 있는 뜻풀이는 국어학자들의 합의를 거쳐 수록된 것이므로 어휘의 뜻을 가장 객관적이고 명확하게 설명해 줍니다. 따라서 이 책은 개인의 애매한 어감에 의존하지 않고 사전에 풀이된 뜻을 중심으로 내용을 정리했습니다.

어휘의 3가지 영역

한국어를 잘하고 싶나요? 그렇다면 3가지 능력이 필요합니다. 말하고자 하는 바를 ①올바르고 ②정확하며 ③섬세하게 표현하는 능력이죠. 이것은 기본적으로 어휘를 얼마나 잘 쓰는지에서 가장 잘 드러납니다. 따라서 말을 논리적으로 잘하는 사람이 되고 싶다면, 내 감정을 풍부하게 표현하고 싶다면 어휘력을 키우고 적재적소에 어휘를 활용할 수 있어야 합니다. 또한 상대방이 말하고자 하는 바를 잘 이해하기 위해서도 어휘력이 필요합니다. 소통을 하려면 기본적으로 어휘 차원에서 서로 같은 뜻을 공유하는 게 중요하기 때문입니다.

어휘력은 어휘의 뜻을 정확하게 아는 것에서 출발합니다. 그럼에도 불구하고 정확한 뜻은 모른 채 습관처럼 혼용하는 어휘, 느낌상 뜻이 다르다는 건 알겠는데 정확한 차이와 사용법을 설명하기 힘든 어휘가 있습니다. 이 책은 이런 어휘 100개를 엄선해 오해의 영역, 상식의 영역, 교양의 영역으로 나눠 뜻과 쓰임을 설명했습니다.

먼저 2장 '오해의 영역: 올바르게 표현하기'에는 말소리는 비슷하지만 뜻과 쓰임이 달라 올바르게 쓰지 않으면 오해하기 쉬운 어휘들을 모았습니다. 주로 무엇이 표준어인지 헷갈리거나 맞춤법이 헷갈려 틀리는 경우가 많습니다. 3장 '상식의 영역: 정확하게 표현하기'에는 상식 차원에서 정확하게 알아 둬야 하는 어휘들로, 뉴스에 자주 나오는 말과 모르면 손해 보기 쉬운 말들을 모았습니다. 주로 비슷한 맥락에서 쓰지만 뜻과 쓰임이 다른 것들입니다. 마지막으로 4장 '교양의 영역: 섬세하게 표현하기'에는 교양인이라면 뜻을 섬세하게 구별해 쓰는 어휘들을 모았습니다. 뜻이 서로 비슷해 보이지만 조금씩 의미 차이가 있어 구별해 쓰면 좋은 말들입니다.

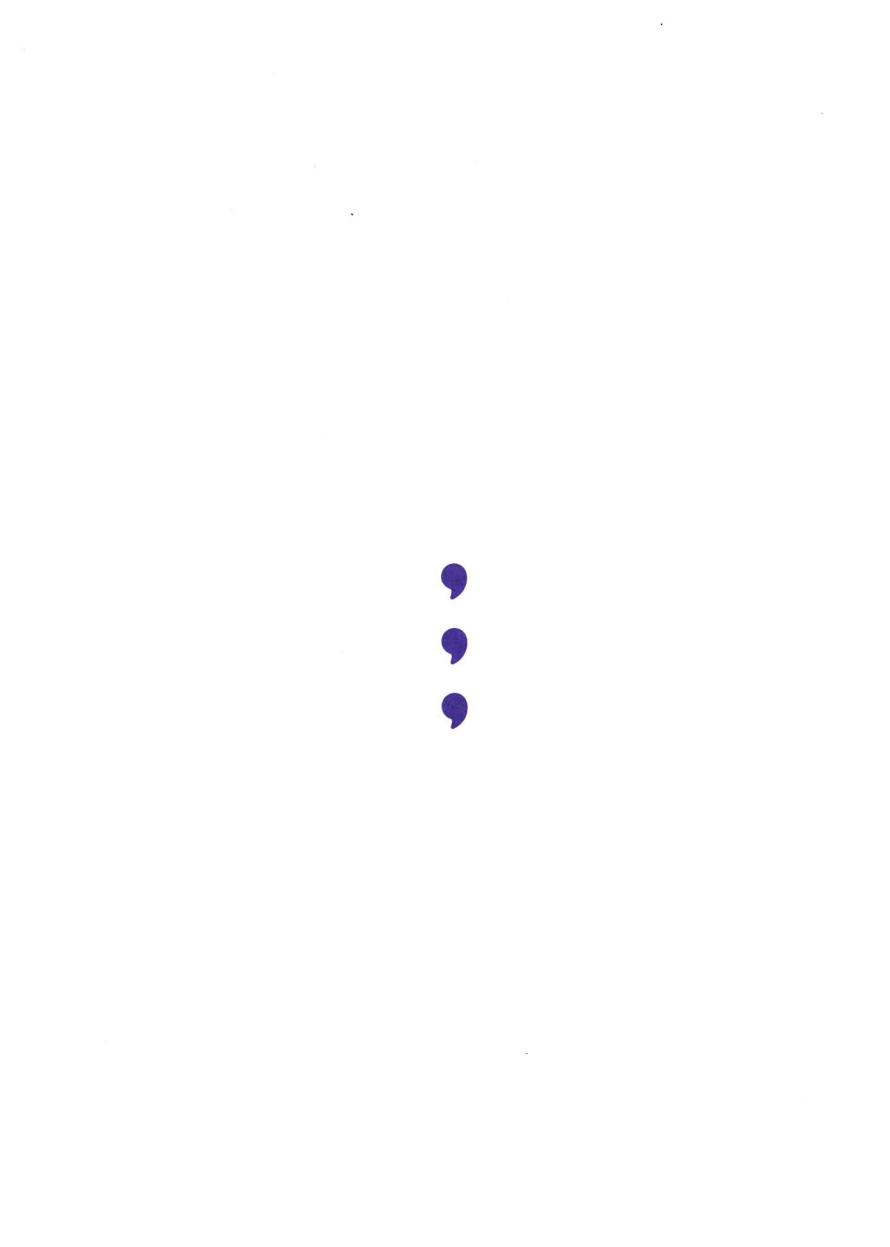

어휘를 올바르게 써야 오해를 막을 수 있습니다.

모던걸: 나 오늘 아파서 점심 같이 못 먹을 것 같아.
모던보이: 알겠어. 얼른 낳길 바랄게.

위 대화에서 이상한 점을 발견했나요? 분명 아프다고 했는데 얼른 '낳길' 바란다니, 무엇을 낳으라는 걸까요? '낳다'는 배 속에 있는 아이를 낳는다는 의미로, 아마 '낫다'를 '낳다'라고 생각한 것 같습니다. 모던보이가 어휘를 잘못 쓰는 바람에 말의 의미를 오해할 뻔했네요. 이런 오해를 막기 위해서는 어휘를 표준 형태에 맞게, 규범에 맞게 쓰는 게 중요합니다. 즉, 어휘를 '올바르게(말이나 생각, 행동 따위가 이치나 규범에서 벗어남이 없이 옳고 바르게)' 쓰는 것이 중요합니다. 2장에는 말소리는 비슷하지만 뜻과 쓰임이 달라 헷갈리는 어휘들을 모았습니다. 주로 표준어나 맞춤법을 정확히 알지 못해 틀리는 경우가 많은데요. 어휘를 올바르게 쓸 수 있도록 정확한 뜻과 쓰임을 알아보겠습니다.

2장

오해의 영역:
올바르게 표현하기

001 호랑이가 죽어서 남기는 것은?

가죽과
거죽

| 가죽 | 동물의 몸을 감싸고 있는 질긴 껍질
| 거죽 | 물체의 겉 부분

"호랑이는 죽어서 가죽을 남기고 사람은 죽어서 이름을 남긴다"라는 속담이 있습니다. 후세에 이름을 남기는 것이 중요하다는 의미이죠. 이때 '가죽'과 많이 헷갈리는 것이 '거죽'인데요. '호랑이 가죽'을 '호랑이 거죽'으로 써도 될까요? '호랑이 거죽'이라고 하면 의미가 조금 어색해집니다. 두 말은 엄연히 뜻이 다르기 때문이죠.

'가죽'은 기본적으로 동물의 몸을 감싸고 있는 질긴 껍질을 말합니다.

소가죽.

악어가죽.

이것을 가공해 만든 물건을 의미할 때도 '가죽'을 쓰죠.

가죽 구두.

가죽 코트.

만약 '가죽'을 사람에게 쓰면 피부를 낮잡아 이르는 말이 됩니다.
살이 너무 많이 빠져서 가죽밖에 안 남았다.

반면에 '거죽'은 물체의 겉 부분을 말하는데요. 다음 예문은 각각 가방의 겉 부분과 책의 겉 부분을 의미합니다.

가방 거죽.

책 거죽.

따라서 동물에게 '거죽'이라고 하면 의미가 조금 어색해지겠죠. 동물에게는 '가죽'을 쓰는 것이 더 적절합니다.

002 둘은 같은 뜻 아닌가?

갑절과
곱절

| 갑절 | 어떤 수나 양을 두 번 합한 만큼
| 곱절 | 어떤 수나 양을 두 번 합한 만큼

앞 글자의 모음 하나만 다른 '갑절'과 '곱절'은 언뜻 보면 같은 뜻처럼 느껴집니다. 실제로 사전에 첫 번째로 나오는 뜻도 같은데요. 둘 다 "어떤 수나 양을 두 번 합한 만큼"이라는 뜻이죠. 따라서 2배를 나타낼 때는 '갑절'과 '곱절'을 모두 쓸 수 있습니다.
은혜를 갑절/곱절로 갚다.

하지만 '은혜를 두 갑절로 갚다'는 부자연스러운 표현입니다.
은혜를 두 갑절로 갚다. X
은혜를 두 곱절로 갚다. O

'곱절'은 "일정한 수나 양이 그만큼 거듭됨을 이르는 말"이라는 뜻을 하나 더 갖고 있습니다. 따라서 '곱절' 앞에는 수를 써도 되지만 '갑절' 앞에는 수를 쓰지 않죠.

이자를 세 갑절로 갚다. X
이자를 세 곱절로 갚다. O

'갑절' 앞에 수를 쓰지 않는 이유는 어휘 자체에 2배라는 의미가 있기 때문입니다. 반면에 '곱절'은 2배라는 의미로 말할 때 '곱절'과 '두 곱절'을 모두 쓸 수 있습니다. '세 곱절', '네 곱절' 등 다른 수를 쓰는 것도 가능하고요.

> **암기 꿀팁**
>
> '갑절'은 '갑질'과 비슷하게 생겼네요. '갑질'은 하면 안 되는 것, 즉 제한이 있는 것이죠. 그러니 '갑절'은 앞에 수가 오지 않는다는 제한이 있는 말이라고 기억하세요.

003 '걷'이라는 글자에 점 하나만 찍으면

걷잡다와
겉잡다

| 걷잡다 | 한 방향으로 치우쳐 흘러가는 형세 따위를 붙들어 잡다 |
| 겉잡다 | 겉으로 보고 대강 짐작하여 헤아리다 |

'걷잡다'에 점 하나만 찍으면 '겉잡다'가 됩니다. 두 말의 표준 발음은 둘 다 [걷짭따]로, 말을 할 때는 둘 중 어느 것을 쓰든 소통에 문제가 되지 않죠. 다만 두 말의 뜻이 다르기 때문에 글을 쓸 때는 유의해야 합니다.

'걷잡다'는 거둔다는 의미의 '걷'과 잡는다는 의미의 '잡'이 결합한 말로, 주로 '없다'와 짝꿍으로 붙어 다닙니다. '걷잡을 수 없다'라고 하면 한 방향으로 흘러가는 형세를 붙들어 잡을 수 없다는 의미입니다.

불길이 걷잡을 수 없이 번지다.
소문이 걷잡을 수 없이 퍼지다.

'걷잡다'는 정확하게 알아보지 않고 겉만 보고 말하는 것이기 때문에 '겉'이 들어갑니다. '어림잡다', '짐작하다'와 뜻이 비슷하죠.
관중이 겉잡아/어림잡아 1,000명쯤 된다.
겉잡아서/짐작해서 말하지 않고 정확히 말하다.

004 '결딴'은 틀린 말 아닌가?

결단과
결딴

| 결단(決斷) | 결정적인 판단을 하거나 단정을 내림 또는 그런 판단이나 단정 |
| 결딴 | 어떤 일이나 물건 따위가 아주 망가져서 도무지 손을 쓸 수 없게 된 상태 |

'결단'과 '결딴' 중 무엇이 맞을까요? 정답은 둘 다 맞습니다. 발음도 [결딴]으로 같아요. 그렇다면 '결단을 내다'와 '결딴을 내다' 중 무엇이 맞을까요? 이것 역시 둘 다 맞지만 뜻이 다릅니다.

결단을 내다. O
결딴을 내다. O

'결단'은 결정적인 판단을 하거나 단정을 내리는 것입니다. '결정'과 비슷한 뜻이지만 조금 더 중요하고 단정적인 느낌을 주죠. 그래서 '결단을 내다'라고 하면 결과에 아주 중요한 판단을 한다는 말이 됩니다.

결단을 내리다.

이제는 결단해야 할 때이다.

'결딴'은 어떤 일이나 물건이 망가져 손을 쓸 수 없는 상태를 일컫습니다. 쉽게 말해 몹시 망가졌다는 말로, '결딴을 내다'라고 하면 아주 망가뜨린다는 의미입니다. '나다', '내다'와 함께 써서 '결딴나다', '결딴내다'라고도 하는데요. 이때는 한 단어이므로 붙여 씁니다.

장난감이 결딴나다.

나라를 결딴내다.

하지만 '결단내다'는 한 단어가 아니므로 '결단(을) 내다'같이 띄어 써야 합니다.

005 같은 듯 같지 않지만 같아 보이는

그러므로와
그럼으로

그러므로	앞의 내용이 뒤의 내용의 이유나 원인, 근거가 될 때 쓰는 접속부사
므로	까닭이나 근거를 나타내는 연결 어미
으로	어떤 일의 수단·도구를 나타내는 격 조사

'그러므로'와 '그럼으로' 중 무엇이 맞을까요? 둘 다 맞는 말입니다. 다만 발음은 같으나 뜻이 다르니 글을 쓸 때는 유의해야 합니다.

우선 '그러므로'를 분해하면 '그렇다/그러다+므로'가 됩니다. '그렇다/그러다'가 활용을 하면서 '그러'가 되고 여기에 까닭이나 근거를 나타내는 어미 '므로'가 붙은 것이죠. '그러하기 때문에', '그리하기 때문에'라는 의미입니다.

대장이 그러므로 따랐을 뿐이다.

오늘은 늦었으므로 내일 오세요.

또한 '그러므로'는 하나의 독립된 단어로서 사전에 등재돼 있습니다. 이때는 '그래서', '따라서'와 비슷한 뜻으로, 앞의 말이 원인이나 근거이고 뒤의 말이 결과나 결론일 때 쓰는 접속 부사입니다. 다음 예문은 내가 야식을 매일 먹었기 때문에 그 결과로 살이 쪘다는 의미이죠.

나는 매일 야식을 먹는다. 그러므로 살이 쪘다.

'그럼으로'는 분해하면 '그렇다/그러다+ㅁ+으로'입니다. '그렇다/그러다'가 '그러'로 활용을 하고 여기에 명사형을 만드는 어미 'ㅁ'이 붙은 뒤 주로 수단이나 도구, 방법이나 방식을 나타내는 격 조사 '으로'가 붙은 것입니다. 풀어 보면 '그러함으로써', '그리함으로써'라는 의미가 됩니다.

나는 매일 야식을 먹는다. 그럼으로 살을 찌운다.
단정한 옷을 입음으로 예의를 갖추다.

또한 '그럼으로'는 '그럼으로 인하여', '그럼으로 말미암아'처럼 써서 어떤 일의 원인이나 이유를 나타내기도 합니다.

> **암기꿀팁**
>
> '그럼으로'는 뜻을 분명히 하기 위해 '그럼으로써'로 쓰기도 하는데요. '그럼으로써'라고 했을 때 말이 되면 '그럼으로'를 쓰면 됩니다.

006 '꼬리'는 아는데 '꽁지'는 뭐지?

꼬리와 꽁지

|꼬리| 동물의 꽁무니나 몸뚱이의 뒤 끝에 붙어서 조금 나와 있는 부분
|꽁지| 새의 꽁무니에 붙은 깃

'꼬리'를 모르는 사람은 없을 거예요. 동물의 몸통 뒤 끝에 튀어나와 있는 부분을 가리키죠.

개 꼬리.

돼지 꼬리.

소 꼬리.

그렇다면 '꽁지'는 뭘까요? '꽁지'는 '꼬리'와 비슷하게 생겼지만 뜻하는 바가 조금 다릅니다. '꽁지'는 새의 꽁무니(동물의 등마루를 이루는 뼈의 끝이 되는 부분이나 곤충의 배 끝부분)에 붙은 깃을 말합니다.

공작 꽁지.
참새 꽁지.

'꽁지'에는 뜻이 하나 더 있는데요. "주로 기다란 물체나 몸통의 맨 끝부분"이라는 뜻입니다.
강아지가 어미 꽁지에만 붙어 산다.

'꽁지'를 활용한 말들을 몇 개 더 살펴볼게요. 뒤통수의 머리카락이 꽁지처럼 살짝 튀어나온 모습을 가리켜 '꽁지 머리'라고 빗대어 말하며, 몹시 빨리 도망치거나 달아나는 모습을 비유적으로 이를 때 '꽁지가 빠지게'라는 말을 씁니다. 이때는 '꼬리', '꽁무니'와도 바꿔 쓸 수 있습니다.
꼬리가 빠지게/꽁지가 빠지게/꽁무니가 빠지게 도망간다.

참고로 '꼬랑지'는 '꽁지'를 낮잡아 이르는 말입니다.

007 이어폰을 귀에 꼽다? 꽂다?

꼽다와
꽂다

> 꼽다   수나 날짜를 세려고 손가락을 하나씩 헤아리다
> 꽂다   쓰러지거나 빠지지 아니하게 박아 세우거나 끼우다

이어폰은 귀에 꼽는 걸까요, 꽂는 걸까요? 둘 다 끼운다는 의미로 느껴진다면 이번 기회에 꼭 알아 두세요. 이어폰은 귀에 '꽂는' 것입니다.

이어폰을 귀에 꼽다. X
이어폰을 귀에 꽂다. O

'꼽다'는 손가락으로 수나 날짜를 세는 것입니다. 무언가를 간절히 기다릴 때 '손꼽아 기다리다'라고 표현하는데요. 남은 날짜를 손가락으로 세며 기다린다는 말이죠. 여기에는 끼워 넣는다는

의미가 없습니다.

손가락을 꼽아 보다.

크리스마스를 손꼽아 기다리다.

또한 '꼽다'는 "골라서 지목하다"라는 뜻도 갖고 있습니다.

가장 맛있는 음식을 꼽다.

성공의 조건으로 성실성을 꼽다.

'꽂다'는 무언가를 끼워 넣어 고정한다는 의미입니다. 흔히 이것을 '꼽다'로 잘못 쓰곤 하는데, 이때는 '꽂다'가 맞습니다.

산 정상에 태극기를 꽂다.

책을 가지런히 꽂다.

> **암기꿀팁**
>
> '꽃꽂이'를 생각하세요. 꽃을 꽃병에 꽂아 넣는 '꽃꽂이'를 '꽃꼽이'라고 하지 않죠. 따라서 끼워 넣는 것은 '꽂다'라고 기억하면 됩니다.

008 난이도가 높다고?

난도와 난이도

난도(難度) 어려움의 정도
난이도(難易度) 어려움과 쉬움의 정도

시험이 어려웠을 때 흔히 '난이도가 높았다'라고 말하는데요. 그런데 이 말은 조금 어색합니다. '난이도'는 '難(어려울 난)'과 '易(쉬울 이)'에 정도를 의미하는 '度(법도 도)'가 더해진 한자어로, 어렵고 쉬운 정도를 나타냅니다. 어렵다는 의미뿐만 아니라 쉽다는 의미도 동시에 갖고 있죠.

그렇다면 '난이도가 높았다'는 어렵고 쉬운 정도가 높았다는 말이 되는데요. 이 말은 어려웠다는 건지 쉬웠다는 건지 의미가 명확하지 않습니다. 만약 시험이 어려웠다는 말을 하고 싶으면 '난도$_{難度}$'를 써서 다음 예문처럼 표현하는 것이 적절합니다. 마찬가지로 '난이도가 낮았다'도 어색한 표현입니다.

난도가 높았다/낮았다. O
난이도가 높았다/낮았다. X

'난이도'는 다음처럼 쓰는 것이 적절합니다.
난이도가 작년과 비슷하다.
난이도를 결정하다.
난이도를 조정하다.

아울러 '고난이도'라는 말을 쓰기도 하는데요. 마찬가지로 '高(높을 고)'를 써서 많이 어렵다는 의미로 하는 말이지만 이 역시 어색한 표현입니다. '고난이도'라고 하면 어렵고 쉬운 정도가 크다는 말이 되어 많이 어렵다는 건지 많이 쉽다는 건지 의미가 불명확해집니다. 따라서 많이 어렵다는 말을 하려면 '고난도'라고 해야 합니다.

고난도 문제. O
고난이도 문제. X

참고로 '난도'는 있어도 '이도'는 없습니다. 어렵지 않다는 말을 하고 싶으면 '난도가 낮다' 정도로 표현하세요.

009 '한 뼘 너비'일까, '한 뼘 넓이'일까?

너비와 넓이

> **너비** 평면이나 넓은 물체의 가로로 건너지른 거리
> **넓이** 일정한 평면에 걸쳐 있는 공간이나 범위의 크기

엄지손가락 끝부터 새끼손가락 끝까지의 거리를 가리키는 말은 '한 뼘 너비'일까요, '한 뼘 넓이'일까요?

한 뼘 너비. O

한 뼘 넓이. X

'너비'는 거리나 폭 같은 '길이'의 개념입니다. 다음 예문은 모두 한끝에서 반대편 끝까지의 가로 길이를 의미하죠.

가슴너비.

강 너비.

도로 너비.
어깨너비.

'넓이'는 '크기'를 나타내는 개념입니다. 모양이 사각형인 공간을 예로 들면 가로 길이에 세로 길이를 곱한 것이 '넓이'이죠.
땅 넓이.
방 넓이.
집 넓이.

정리하면 '너비'는 길이, '넓이'는 크기를 나타낼 때 씁니다. 그런데 크기를 나타내려면 '한 뼘 넓이'라고도 할 수 있지 않을까요? 이때 '한 뼘'의 '뼘'은 엄지손가락과 다른 손가락을 한껏 벌린 길이라는 의미로, 길이 단위로 쓰는 의존 명사입니다. 따라서 길이를 나타내는 '뼘'과 '넓이'를 같이 쓰면 의미가 어색해집니다.

참고로 '너비'는 길이 단위인 ㎝, m, ㎞ 등과 함께 쓰고 '넓이'는 넓이 단위인 ㎠, ㎡, ㎢ 등과 함께 씁니다.
강의 너비가 100m이다.
땅의 넓이가 300㎡이다.

010 넙죽한 얼굴이 고민이라면?

넓죽하다와 넙죽하다

넓죽하다 길쭉하고 넓다

넙죽하다 말대답을 하거나 무엇을 받아먹을 때 입을 너부죽하게 닁큼 벌렸다가 닫다

넙죽한 얼굴이 고민이라면 이제 고민하지 않아도 됩니다. 얼굴은 넙죽할 수 없거든요. 다만 얼굴이 넓죽할 수는 있습니다. '넓죽하다'와 '넙죽하다'의 발음은 둘 다 [넙쭈카다]이지만 뜻이 다릅니다.

얼굴이 넓죽하게 생기다. O
얼굴이 넙죽하게 생기다. X

'넓죽하다'는 길쭉하고 넓다는 말입니다. 따라서 얼굴이 넓죽하다는 것은 얼굴이 길쭉하고 넓다는 의미이죠. 길고 넓은 입이나

코의 생김새를 묘사할 때도 '넓다'는 의미가 살아 있기 때문에 '넓'을 써서 '넓죽하다'라고 해야 합니다.

입이 넓죽하다.

코가 넓죽하다.

'넙죽하다'의 '넙죽'은 말대답을 하거나 무엇을 받아먹을 때 입을 얼른 벌렸다가 닫는 모양을 가리키는 말입니다. 여기에는 넓다는 의미가 없으므로 '넓'을 쓰지 않고 '넙'을 써야 합니다. '넙죽'을 두 번 붙여 '넙죽넙죽'이라고 쓰기도 하죠.

밥을 넙죽(넙죽) 받아먹다.

또한 몸을 바닥에 빠르게 엎드리는 모양도 '넙죽'이라고 표현합니다.

바닥에 넙죽 엎드려 빌다.

011 이거 보면 깜짝 놀랄걸요?

놀라다와
놀래다

> **놀라다** 뜻밖의 일이나 무서움에 가슴이 두근거리다
> **놀래다** 뜻밖의 일을 해 남을 무섭게 하거나 가슴을 두근거리게 하다

상상해 보세요. 가만히 있는데, 갑자기 큰 소리가 들립니다. 깜짝 놀랐나요, 깜짝 놀랬나요? 놀랍게도 '깜짝 놀랐다'라고 하는 것이 적절합니다.

큰 소리에 깜짝 놀랐다. O
큰 소리에 깜짝 놀랬다. X

'놀라다'는 말 그대로 의외의 일이 일어나 가슴이 두근거리는 것입니다. 주로 어떤 일을 당했을 때 쓰죠. 이것을 '놀래다'로 쓰는 경우를 종종 보지만 '놀래다'는 다른 뜻을 가진 다른 어휘입니다.

갑자기 찾아와서 놀랐다.
너무 놀라서 말을 잃었다.

'놀래다'는 놀랄 만한 일을 다른 사람에게 하는 것입니다. 즉, '놀라다'의 사동사(문장의 주체가 자기 스스로 행하지 않고 남에게 그 행동이나 동작을 하게 함을 나타내는 동사)입니다. 그래서 '깜짝 놀랬다'라고 하면 내가 놀랐다는 의미가 아니라 다른 사람을 놀라게 했다는 의미가 됩니다.

그를 놀래 주자.
알람 소리는 항상 나를 놀랜다.

흔히 '놀라다'를 써야 하는 상황에 '놀래다'를 쓰고 '놀래다'를 써야 하는 상황에는 '놀래키다'로 잘못 쓰곤 하는데요. '놀래키다'는 표준어가 아닙니다.

놀래지 마. O
놀래키지 마. X

012 안 틀리는 사람 찾기가 더 힘들어요

대와
데

| 대 | '-다고 해'가 줄어든 말 |
| 데 | 해할 자리에 쓰여 과거 어느 때에 직접 경험하여 알게 된 사실을 현재의 말하는 장면에 그대로 옮겨 와서 말함을 나타내는 종결 어미 |

한국어 중 가장 헷갈리는 말을 꼽으라면 '대'와 '데'가 아닐까 싶습니다. 발음 차이가 거의 없어 더욱 헷갈리지만 한 번만 정확하게 알아 두면 절대 헷갈릴 일이 없을 거예요.

우선 '대'는 내가 어떤 말을 다른 사람에게 듣고 그것을 다시 다른 사람에게 전달할 때 씁니다. '다고 해'의 줄임말이죠. '대' 대신에 '다고 해'를 넣어 말이 되면 '대'를 쓰면 됩니다.
걔는 그때 왜 그랬대? ⇒ 그랬다고 해?
일기 예보를 보니 내일은 비가 온대. ⇒ 온다고 해.

'데'는 내가 과거에 직접 겪은 일을 지금 상대방에게 말할 때 씁니다. '더라'와 같다고 생각하면 쉬워요. '데' 대신에 '더라'를 넣어 말이 되면 '데'를 쓰면 됩니다.

내가 봤는데 바뀐 게 없데. ⇒ 없더라.

이번에 보니 걔는 옛날이랑 똑같데. ⇒ 똑같더라.

암기 꿀팁

여전히 헷갈린다면 '대'와 '데'의 모음 'ㅐ'와 'ㅔ'를 유심히 보세요. 'ㅐ'는 'ㅏ'에 'ㅣ'를 더한 모양이고 'ㅔ'는 'ㅓ'에 'ㅣ'를 더한 모양입니다. 그리고 '다고 해'의 앞 글자 '다'에는 'ㅏ'가 있고 '더라'의 앞 글자 '더'에는 'ㅓ'가 있죠. 따라서 '대'는 'ㅏ'를 쓰는 '다고 해'와, '데'는 'ㅓ'를 쓰는 '더라'와 짝이라고 기억하세요.

013 나물할 때 없는 맏며느리?

데와
때

| 데 | '곳'이나 '장소'의 뜻을 나타내는 말
| 때 | 시간의 어떤 순간이나 부분

'나물할 때 없는 맏며느리', 무슨 말인지 아나요? 인터넷에 틀린 맞춤법 예시로 자주 나오는 말인데요. '나무랄 데 없는 맏며느리'를 잘못 쓴 말입니다. '나물할'이야 '나무라다'가 생소해 잘못 썼다고 쳐도 '데'와 '때'는 많이 쓰는 쉬운 말임에도 불구하고 종종 잘못 쓰기도 합니다.

우선 '데'는 곳이나 장소를 나타낼 때 씁니다.
갈 데가 있다.
먹을 데가 없다.

잘 데를 찾다.

그리고 '때'는 시간을 나타낼 때 쓰죠.
갈 때가 되다.
먹을 때가 지나다.
잘 때가 다가오다.

따라서 '나무랄 데 없는 맏며느리'는 나무랄 '곳'이 없는 맏며느리라는 의미이므로 '데'를 써야 합니다. 만약 '나무랄 때 없는 맏며느리'라고 하면 나무랄 '시간'에 없는 맏며느리라는 의미로, 어색한 표현이 됩니다.
나무랄 데 없는 맏며느리. O
나무랄 때 없는 맏며느리. X

사실 '데'와 '때'를 가장 많이 틀리는 표현은 '갈 데까지 갔다'인데요. 도달할 수 있는 가장 극단의 상황이나 상태가 됐을 때 쓰는 말입니다. 흔히 '갈 때까지 갔다'라고 잘못 쓰죠. 이때 '때'를 쓰면 갈 '시간'까지 갔다는 말이 되어 의미가 달라지니 유의해야 합니다.

014 저는 화를 돋군 적이 없어요

돋구다와
돋우다

| 돋구다 | 안경의 도수 따위를 더 높게 하다
| 돋우다 | 위로 끌어 올려 도드라지거나 높아지게 하다

화가 나게 한다는 말을 할 때 '화를 돋구다'라고 표현하는 경우가 있는데요. 화를 돋굴 수는 없습니다. 화는 '돋구다'가 아닌 '돋우다'와 함께 써야 하기 때문이죠. '돋구다'와 '돋우다'는 둘 다 무언가를 높게 한다는 의미를 갖고 있지만 짝꿍으로 함께 쓰는 말이 다릅니다.

화를 돋구다. X
화를 돋우다. O

'돋우다'가 '돋구다'보다 더 다양한 표현에 쓰이는데요. '돋우다'

는 주로 감정이나 기색 등이 생겨나게 할 때 씁니다.

신바람을 돋우다.

입맛을 돋우다.

호기심을 돋우다.

흥을 돋우다.

또한 정도를 더 높이거나 위로 끌어 올려 높아지게 함을 나타낼 때도 '돋우다'를 씁니다.

달빛이 적막을 더욱 돋우다.

발끝을 돋우다.

'돋구다'는 주로 '안경'과 함께 쓰는 말로, 안경의 도수를 올릴 때 씁니다. 안경이 아닌 경우에는 주로 '돋우다'를 쓰면 됩니다.

안경의 도수를 돋구다.

015 두꺼운 외투를 입어야 따뜻합니다

두껍다와
두텁다

> 두껍다   두께가 보통의 정도보다 크다
> 두텁다   신의, 믿음, 관계, 인정 따위가 굳고 깊다

날이 추워지면 두터운 외투가 생각나나요? 하지만 외투가 두텁기는 어렵습니다. '두껍다'와 '두텁다'는 둘 다 두께가 크거나 깊이가 깊다는 느낌을 주지만 함께 쓰는 말이 다릅니다.

두꺼운 외투. O
두터운 외투. X

'두껍다'는 우리가 흔히 아는 것처럼 두께가 보통보다 크다는 의미입니다.

두꺼운 이불.

두꺼운 입술.
두꺼운 책.

또한 어떤 집단의 규모를 나타내거나 짙은 어둠, 안개, 그늘 등을 표현하기도 하죠.
고객층이 두껍다.
지지층이 두껍다.

안개가 점점 두꺼워지다.
어둠이 두껍게 깔리다.

반면에 '두텁다'는 신의, 믿음, 관계, 인정 등과 함께 써서 그 성도가 굳고 깊음을 의미합니다.
두터운 친분을 유지하다.
우애가 두텁다.

016 뒤처지기도 뒤쳐지기도 싫어요

뒤처지다와 뒤쳐지다

뒤처지다   어떤 수준이나 대열에 들지 못하고 뒤로 처지거나 남게 되다
뒤쳐지다   물건이 뒤집혀서 젖혀지다

'뒤처지다'와 '뒤쳐지다' 중 무엇이 표준어일까요? 둘 다 표준어입니다. 그렇다면 생김새가 비슷하니 뜻도 비슷할까요? 뜻은 엄연히 다릅니다.

'뒤처지다'는 어떤 수준에 포함되지 못하고 뒤로 처졌을 때 쓰는 말입니다. 생긴 것에서 알 수 있듯이 기본적으로 '처지다'와 비슷한 뜻입니다. "뒤에 남게 되거나 뒤로 떨어지다"라는 뜻의 '처지다'를 '쳐지다'라고 잘못 쓰기도 하는데, '쳐지다'는 비표준어입니다. 따라서 '뒤처지다'가 맞는 말이에요.

결승선을 앞두고 뒤처지다.
뒤처지지 않도록 노력하다.

'뒤처지다'는 물건이 뒤집혀 젖혀지는 것을 말합니다. 화투를 생각하면 쉬워요. 화투짝이 뒤집히는 것을 '뒤처지다'라고 합니다. 또한 바람이 불어 우산이 젖혀졌을 때도 이 말을 씁니다.
뒤처진 화투짝.
강풍에 우산이 뒤처졌다.

혹시 둘을 구별하기 위해 말할 때 [뒤쳐지다]라고 '쳐'의 'ㅕ'를 강조해 발음해야 할 것 같나요? 하지만 '뒤쳐지다'의 표준 발음은 [뒤처지다]입니다.

017 내 귓속에 개가 있다?

먹먹하다와
멍멍하다

| 먹먹하다 | 갑자기 귀가 막힌 듯이 소리가 잘 들리지 않다
| 멍멍하다 | 정신이 빠진 것같이 어리벙벙하다

높은 곳에 올라가면 귀가 불편해질 때가 있죠. 고도가 높아지면서 기압이 낮아지면 귀 안팎에 기압 차가 생기기 때문인데요. 이때의 느낌을 정확하게 말하는 표현은 '귀가 먹먹하다'입니다.

귀가 먹먹하다. O
귀가 멍멍하다. X

'먹먹하다'는 체한 것같이 가슴이 답답함을 표현할 때도 씁니다.
가슴이 먹먹하다.

한편 '멍멍하다'는 정신이 빠진 것처럼 어리벙벙함을 나타내는 말입니다.

너무 놀라 한동안 <u>멍멍한</u> 상태가 지속됐다.
<u>멍멍하게</u> 서 있다.

귀가 불편한 느낌이 마치 정신이 멍한 느낌이라 '멍멍하다'를 써야 할 것 같지만 '멍멍하다'는 '귀'와 어울려 쓰면 의미가 어색해지므로 '먹먹하다'와 쓰는 것이 더 적절합니다.

참고로 코가 답답할 때는 어떻게 말할까요? '맹맹하다'입니다. 귀는 먹먹하고, 코는 맹맹한 것입니다.

암기꿀팁

내 귓속에는 개가 없으므로 '멍멍하다'가 아니라 '먹먹하다'라고 기억하세요. 그리고 개가 멍멍 짖으면 정신이 없으므로 정신이 없을 때는 '멍멍하다'를 떠올려 보세요.

018 모든 걸 알려 줄 테니 뭐든 물어보세요

모든과
뭐든

| 모든 | 빠짐이나 남김이 없이 전부의
| 뭐 | '무어'의 준말
| 든 | '든지'의 준말

'모든'과 '뭐든' 중 무엇이 맞는 말일까요? 둘 다 맞습니다. 특히 요즘 들어 '뭐'를 써야 할 자리에 '모'로 잘못 쓰는 경우가 있는데요. 두 말은 뜻이 다르므로 구별해 써야 합니다.

'모든'은 전부라는 의미로, 관형사(체언 앞에 놓여서 그 체언의 내용을 자세히 꾸며 주는 품사)이기 때문에 뒤에 오는 체언(문장에서 주어 따위의 기능을 하는 명사, 대명사, 수사를 통틀어 이르는 말)을 꾸며 줄 때 씁니다.

모든 것.
모든 사람.

<u>모든</u> 일.

'뭐든'은 '무어든지'의 준말입니다. 그래서 '뭐든 것', '뭐든 사람', '뭐든 일'이라고 쓰지 않죠.
<u>뭐든</u> 물어보세요.
<u>뭐든</u> 할 수 있다.

'모'와 '뭐'는 발음이 분명하게 다르므로 평소에 정확히 발음하는 습관을 갖는 것이 좋으며 뜻에 맞게 구별해 써야 합니다.

참고로 '모처럼'을 '뭐처럼'과 헷갈리기도 하는데요. '모처럼'은 "벼르고 별러서 처음으로"라는 뜻이고 '뭐처럼'은 '무어처럼'이라는 뜻입니다.

019 무리를 일으켜 죄송합니다?

무리와
물의

무리(無理) 도리나 이치에 맞지 않거나 정도에서 지나치게 벗어남
물의(物議) (대개 부정적인 뜻으로 쓰여) 어떤 사람 또는 단체의 처사에 대하여 많은 사람이 이러쿵저러쿵 논평하는 상태

'물의를 일으켜 죄송합니다.' 대국민 사과에 꼭 나오는 말이죠. 발음이 [무리]라 '무리를 일으켜'라고 잘못 쓰는 경우가 있는데요. '무리'라고 하면 더 큰 문제입니다. 사과할 때는 '물의'라고 해야 합니다.

무리를 일으키다. X
물의를 일으키다. O

'무리'는 도리나 이치에 맞지 않거나 정도에서 지나치게 벗어났을 때 쓰는 말입니다. 즉, 무언가가 너무 심하거나 말이 안 되는

경우에 쓰죠.
무리해서 운동하다.
이것보다 더 싸게는 무리이다.

또한 "사람이나 짐승, 사물 따위가 모여서 뭉친 한 동아리"라는 뜻도 갖고 있습니다. 이때는 한자어가 아니에요.
늑대 무리.
무리를 지어 다니다.

한편 '물의'는 주로 부정적인 맥락에 쓰는데요. 어떤 사람이나 단체의 처사에 대해 많은 사람이 이러쿵저러쿵하는 것을 의미하며 주로 '빚다', '일으키다'와 짝꿍으로 붙어 다닙니다.
물의를 빚다.
물의를 일으키다.

그렇다면 '무리를 일으키다'라고 하면 무슨 의미일까요? 어떤 집단을 다시 흥하게 만든다는 말이 됩니다. 미안한 일이 아니라 오히려 자랑스러워할 일이 되어 버리므로 사과할 때는 '무리'가 아니라 '물의'를 쓰는 것이 적절합니다.

020 밤새지 말란 말이야

밤새다와
밤새우다

밤새다 밤이 지나 날이 밝아 오다
밤새우다 잠을 자지 않고 밤을 보내다

"밤새지 말란 말이야." 옛날 광고 중에 이런 말이 있었죠. 그런데 밤새는 것을 막기는 어렵습니다. 밤이 지나 날이 밝아 오는 자연 현상을 막을 수 없기 때문이죠. 그 대신 '밤새우지 말란 말이야'라고는 할 수 있습니다.

밤새지 말란 말이야. X
밤새우지 말란 말이야. O

'밤새다'는 밤이 지나고 아침이 오는 것을 말합니다. 주로 '밤새도록'의 형태로 쓰죠. 이때 '밤새다'의 '새다'는 "날이 밝아 오다"

라는 뜻으로, '밤새다'는 여기서 온 말입니다.

밤새도록 공부하다.

밤새도록 연습하다.

'밤새우다'는 잠을 자지 않고 밤을 보내는 것으로, '밤새우다'의 '새우다'는 "한숨도 자지 아니하고 밤을 지내다"라는 뜻입니다. '밤새우다'는 여기서 온 말이고요.

밤새워 놀다.

피곤하니까 밤새우지 말아라.

비슷한 예로는 '지새다'와 '지새우다'가 있습니다. '지새다'는 "달이 사라지면서 밤이 새다", '지새우다'는 "고스란히 새우다"라는 뜻입니다. '밤새다', '밤새우다'와 비슷하죠?

밤이 지새도록 잠을 자지 못했다.

며칠 밤을 꼬박 지새우다.

'밤새'라는 말도 있는데요. "밤이 지나는 동안"이라는 뜻을 가진 '밤사이'의 준말입니다.

밤새 무슨 일 있었어?

021 옷에 냄새가 배다? 베다?

배다와
베다

배다 스며들거나 스며 나오다
베다 날이 있는 연장 따위로 무엇을 끊거나 자르거나 가르다

옷에 냄새가 배는 걸까요, 베는 걸까요? 냄새는 배는 것입니다. 발음은 비슷하지만 뜻이 다른 '배다'와 '베다'는 각각 여러 개의 뜻을 갖고 있어 유의해서 써야 합니다.

옷에 냄새가 배다. O
옷에 냄새가 베다. X

'배다'는 첫째로 "스며들거나 스며 나오다"라는 뜻을 갖고 있습니다. 따라서 옷에 냄새가 스며들었을 때는 '배다'를 써야 합니다. 또한 버릇이 되어 익숙해지는 것에도 '배다'를 쓰죠.

기름이 배다.
땀이 배다.

성실함이 몸에 배다.
일이 손에 배다.

둘째로 "배 속에 아이나 새끼를 가지다"라는 뜻을 갖고 있으며 근육에 뭉친 것 같은 게 생기는 경우에도 '배다'를 씁니다.
아이를 배다.
온몸에 알이 배다.

한편 '베다'는 첫째로 날이 있는 연장으로 무엇을 끊거나 자르는 것을 말합니다.
나무를 베다.

둘째로는 누울 때 베개를 머리 아래에 받치는 것을 표현할 때도 '베다'를 씁니다.
베개를 베다.

간혹 스며들거나 스며 나온다는 의미의 '배나'를 '배이다'라고 잘못 쓰기도 하는데, '배다'만 맞는 말입니다.
깊게 밴 향기. O
깊게 배인 향기. X

022 라면이 불었지만 불지는 않는 이유

붇다와
불다

> 붇다   물에 젖어서 부피가 커지다
> 불다   바람이 일어나서 어느 방향으로 움직이다

라면을 오래 두면 어떻게 될까요? 라면이 '불죠'. 조금만 둬도 '불으니' '불기' 전에 얼른 먹어야 합니다. '불고' 나면 맛이 없으니까요. 라면이 '불지' 않게 하는 방법이 있으면 좋겠네요.

위 글에는 '불'이 다섯 번 나왔는데요. '불'을 맞게 쓴 것은 어떤 것일까요? 정답은 '불으니'입니다. 나머지는 다 틀렸습니다. '불죠', '불기', '불고', '불지'가 아니라 '붇죠', '붇기', '붇고', '붇지'로 바꿔 쓰는 것이 맞습니다. 그 이유는 물에 젖어 부피가 커지는 것은 '불다'가 아니라 '붇다'이기 때문입니다.

'불다'는 바람이 어느 방향으로 움직이는 것입니다. 공기와 관련된 말이죠.

바람이 불다.

피리를 불다.

휘파람을 불다.

반면에 '붇다'는 물과 관련된 말입니다. 그래서 라면이 물에 오래 있어 부피가 커진 것은 '라면이 붇다'라고 해야 합니다. '붇다'를 '뿔다'라고 잘못 쓰는 경우가 있는데, '뿔다'는 비표준어입니다.

라면이 붇다. O

라면이 불다/뿔다. X

또한 '붇다'는 "분량이나 수효가 많아지다"라는 뜻도 갖고 있으며, 주로 몸을 주어로 하여 "살이 찌다"라는 뜻으로도 씁니다.

재산이 붇다.

체중이 붇다.

몸이 붇다.

'붇다'는 뒤에 모음으로 시작하는 어미가 오면 '붇'의 'ㄷ'이 'ㄹ'로 바뀌어 활용하시만 뒤에 자음이 오면 '붇' 그대로 씁니다. 이것을 'ㄷ 불규칙 용언'이라고 해요.

라면이 불으니/불어서/불었다.

참고로 '붓다'는 "살가죽이나 어떤 기관이 부풀어 오르다"라는 뜻입니다.

간이 붓다.

얼굴이 붓다.

023 갈등이 붉어진다고?

불거지다와 붉어지다

불거지다 물체의 거죽으로 둥글게 툭 비어져 나오다
붉어지다 빛깔이 점점 붉게 되어 가다

'갈등이 불거지다'와 '갈등이 붉어지다' 중 무엇이 맞는 말일까요? 정답은 '갈등이 불거지다'입니다. '불거지다'와 '붉어지다'의 표준 발음은 [불거지다]로 같지만 뜻이 다릅니다.

갈등이 불거지다. O
갈등이 붉어지다. X

'불거지다'는 기본적으로 물체의 거죽으로 둥글게 툭 삐져나오는 것을 말합니다. 다음 예문은 각각 발가락과 이마가 삐져나왔다, 튀어나왔다는 의미이죠.

양말 밖으로 발가락이 불거지다.
이마가 불거지다.

그리고 두 번째 뜻은 "어떤 사물이나 현상이 두드러지게 커지거나 갑자기 생겨나다"입니다. '갈등이 불거지다'의 '불거지다'가 바로 이 의미입니다.
문제가 불거지다.
소문이 불거지다.

'붉어지다'는 빛깔이 점점 붉게 되는 것을 말합니다. 빨갛다는 의미를 가진 '붉다'의 형태가 살아 있으니 뜻에도 빨갛다는 의미가 살아 있습니다. 그런데 '갈등이 붉어지다'라고 하면 갈등의 색이 빨개진다는 의미인데, 갈등에 색이 있는 것은 아니니 어색한 표현이 됩니다.
눈시울이 붉어지다.
얼굴이 붉어지다.

024 틀린 것 같아도 '사달'이 맞습니다

사단과
사달

사단(私斷) 개인의 판단

사달 사고나 탈

큰일이 났을 때 종종 이렇게 말하죠. '야단이 났네', '사단이 났네'라고요. 왠지 '야단'과 '사단'이 비슷하게 느껴져 '사단이 났네'라고 말하곤 하는데요. 이때는 '사달'이 맞습니다.

사단이 났네. X
사달이 났네. O

사고나 탈을 가리키는 말은 '사달'입니다. 그래서 사고나 탈이 났다는 것을 표현할 때는 '사달이 났네'라고 하는 것이 적절합니다.

사달이 생기다.
사달을 일으키다.

이 '사달'을 '사단'으로 잘못 쓰기도 하는데요. '사단'은 어떤 한자를 쓰느냐에 따라 여러 가지 뜻을 나타냅니다. '사단私斷'은 "개인의 판단", '사단社團'은 "특정한 목적을 위하여 두 사람 이상이 결합하여 설립한 단체"를 뜻합니다.
사단이 아니라 중론을 모아 결정하다. ⇒ 私斷
사단 법인. ⇒ 社團

025 '상서로운 말'은 좋은 뜻일까, 나쁜 뜻일까?

상서롭다와
상스럽다

상서(祥瑞)롭다 복되고 길한 일이 일어날 조짐이 있다
상(常)스럽다 말이나 행동이 보기에 천하고 교양이 없다

누군가가 나에게 상스러운 말을 했다면 나는 매우 실망하겠죠. 그런데 상서로운 말을 한다면 어떨까요? 이때도 실망할 건가요? 다시 생각해 보세요. 상스러운 말과 상서로운 말은 전혀 다른 말입니다.

'상스럽다'는 말이나 행동이 천하고 교양이 없다는 말입니다. 그래서 상스럽게 말하거나 행동하는 것은 고상하지 못하고 속된 것을 의미하죠. '상스럽다'를 세게 발음해 '쌍스럽다'라고 더 강하게 표현하기도 하는데요. 이것도 표준어입니다.

상스럽게 굴다.
쌍스러운 말투.

생김새와 발음이 비슷한 '상서롭다'도 비슷한 뜻일까요? 오히려 그 반대입니다. '상서롭다'는 복되고 좋은 일이 일어날 조짐이 있다는 의미입니다.
상서로운 동물.
상서로운 일.
상서로운 징조.

앞으로는 누가 나에게 상서로운 말을 한다면 실망하지 말고 고마움을 전해 보세요.

026 '스러지다'는 없는 말이다?

스러지다와
쓰러지다

스러지다 형체나 현상 따위가 차차 희미해지면서 없어지다
쓰러지다 힘이 빠지거나 외부의 힘에 의하여 서 있던 상태에서 바닥에 눕는 상태가 되다

혹시 '스러지다'를 '쓰러지다'의 잘못된 말이라고 알고 있나요? 하지만 두 말은 모두 표준어이며 각각 다른 뜻을 지니고 있습니다.

'쓰러지다'는 우리가 잘 알다시피 서 있다가 바닥에 눕는 상태를 말합니다.
바람에 나무가 쓰러지다.
쓰러지듯 잠들었다.

또한 국가나 기업이 제 기능을 못 하게 됐을 때도 '쓰러지다'를 씁니다.

나라가 전쟁으로 쓰러지다.

회사가 부도로 쓰러지다.

'스러지다' 역시 상태가 안 좋아짐을 나타내지만 뜻이 조금 다릅니다. '스러지다'는 어떤 형체나 현상 등이 점점 희미해지면서 없어지는 것으로, 없어진다는 의미가 조금 더 강합니다.

구름이 스러지다.

무력하게 스러지다.

또한 "불기운이 약해져서 꺼지다"라는 뜻도 갖고 있습니다.

불꽃이 스러지다.

촛불이 스러지다.

'스러지다'가 어색해 없는 말로 느껴진다면 '바스러지다', '부스러지다'를 생각해 보세요. '스러지다'도 분명 한국어에 존재하는 말입니다.

027 '알갱이'와 '알맹이'의 차이는?

알갱이와 알맹이

알갱이 열매나 곡식 따위의 낱알
알맹이 물건의 껍데기나 껍질을 벗기고 남은 속 부분

우리가 매일 먹는 쌀은 벼의 껍질을 벗겨 낸 속 부분입니다. 그렇다면 쌀은 벼의 '알갱이'일까요, '알맹이'일까요? 정답은 '알맹이'입니다. 비슷해 보여도 둘은 다른 말입니다.

쌀은 벼의 알갱이이다. X
쌀은 벼의 알맹이이다. O

'알갱이'는 열매나 곡식의 낱알을 말합니다. 하나하나 따로따로인 알 그 자체를 가리키죠. 그래서 '쌀 알갱이', '보리 알갱이'라고 하면 각각 쌀과 보리의 알 자체를 일컫습니다. 또한 '모래 알

갱이'처럼 작고 동그랗고 단단한 물질을 말할 때도 씁니다.
설탕 알갱이가 물에 녹았다.
팝콘은 옥수수 알갱이를 튀긴 것이다.

반면에 '알맹이'는 물건의 껍데기(달걀이나 조개 따위의 겉을 싸고 있는 단단한 물질)나 껍질(물체의 겉을 싸고 있는 단단하지 않은 물질)을 벗기고 남은 속 부분을 말합니다. 벼에서 껍질을 벗기면 쌀이 되므로 쌀은 벼의 '알맹이'입니다. 비슷하게 '밤 알맹이', '호두 알맹이'라고 하면 각각 밤과 호두의 겉을 벗기고 남은 부분을 말하죠.
껍질은 버리고 알맹이만 먹었다.

또한 '알맹이'는 "사물의 핵심이 되는 중요한 부분"이라는 뜻도 갖고 있습니다.
말에 알맹이가 없다.

028   엄한 사람 잡지 마세요?

애먼과
엄한

> **애먼**   일의 결과가 다른 데로 돌아가 억울하게 느껴지는
>
> **엄한(엄(嚴)하다)**   규율이나 규칙을 적용하거나 예절을 가르치는 것이 매우 철저하고 바르다

'엄한 사람 잡지 마세요.' 나는 잘못이 없는데, 억울하게 추궁을 당할 때 이런 말을 하곤 하죠. 그런데 이때는 '엄한'이 아니라 '애먼'을 쓰는 것이 적절합니다. '애먼'과 '엄한'은 발음도 뜻도 완전히 다른 말이므로 차이를 정확하게 알아 두는 것이 좋습니다.

'애먼'은 억울할 때 쓰는 말로, 주로 '애먼 사람'이라고 씁니다. 애먼 사람 잡지 말라는 말은 상관없는 억울한 사람 잡지 말라는 의미이죠.

애먼 사람 잡지 마세요. O
엄한 사람 잡지 마세요. X

또한 '애먼'은 "일의 결과가 다른 데로 돌아가 엉뚱하게 느껴지는"이라는 뜻도 갖고 있는데요. '애먼 일', '애먼 짓'처럼 씁니다.
애먼 일만 하다.
애먼 짓 하지 말아라.

왠지 '애먼'이 비표준어처럼 느껴지나요? '애먼'은 분명 사전에 등재된 표준어입니다.

'엄한'은 '엄하다'를 활용한 말입니다. 즉, '엄한 사람'이라고 하면 규칙이나 규율에 매우 철저한 사람이라는 말이죠. 그러니 '엄한 사람 잡는다'라고 하면 의미가 매우 어색하겠죠? 애먼 엄한 사람을 잡게 되는 것이니까요.
가정 교육이 엄하다.
규칙이 엄하다.

029　정말 어이가 없네?

어이와
어의

|어이| 엄청나게 큰 사람이나 사물

|어의(御醫)| 궁궐 내에서 임금이나 왕족의 병을 치료하던 의원

영화 〈베테랑〉에 나오는 명대사가 있습니다. "지금 내 기분이 그래. 어이가 없네." 이때의 '어이'를 '어의'라고 잘못 쓰는 것을 심심찮게 보곤 하는데요. 하지만 이건 기본 중의 기본, 절대 틀리면 안 됩니다.

'어이'는 엄청나게 큰 사람이나 사물을 말합니다. 하지만 '어이'만 단독으로는 잘 쓰지 않고 보통은 '어이없다'의 형태로 써서 일이 너무 뜻밖이라 기가 막힘을 나타내죠. '어처구니없다'와 같은 뜻입니다.

그렇게 말하다니 참 어이없네.
어이없는 일이 일어나다.

'어의御醫'는 쉽게 말해 임금을 치료하던 의사입니다. 요즘에는 잘 안 쓰는 말이죠. 또한 "임금이 입던 옷"을 '어의御衣', "단어나 말의 뜻"을 '어의語義'라고도 하는데, 모두 어처구니없다는 의미의 '어이없다'와는 상관없는 말입니다.

어의 덕에 임금의 병이 씻은 듯이 나았다. ⇒ 御醫
어의에는 최고급 옷감을 사용했다. ⇒ 御衣
어의는 맥락에 따라 바뀌기도 한다. ⇒ 語義

참고로 영화 〈베테랑〉에서는 '어이'가 맷돌 손잡이라고 설명하는데요. 국립국어원에 따르면 '어이'가 맷돌 손잡이라는 근거는 없다고 합니다.

030 '에'와 '에게'를 구별해야 할 때

에와
에게

에 앞말이 처소의 부사어임을 나타내는 격 조사
에게 (사람이나 동물 따위를 나타내는 체언 뒤에 붙어) 일정하게 제한된 범위를 나타내는 격 조사

뜻이 비슷해 보이는 '에'와 '에게'는 큰 차이가 있습니다. '에'는 식물이나 무생물같이 감정을 드러내지 못하는 무정 명사와 쓰지만 '에게'는 사람이나 동물같이 감정을 드러내는 유정 명사와 함께 씁니다.

다음 예문의 '나', '담당자', '개'는 모두 감정을 나타낼 수 있는 존재이기 때문에 '에게'를 쓰는 것이 적절합니다.
나에게 시간이 있다.
담당자에게 건의하다.

개에게 밥을 주다.

또한 '에게'는 의도에 따라 다양한 형태로 쓰기도 하는데요. 존대의 의미를 담을 때는 '께'라고 쓰고 구어적으로 말할 때는 '한테'라고 쓰기도 합니다.
선생님께. ⇒ 존대 표현
나한테. ⇒ 구어적 표현

반면에 다음 예문의 '차', '정부', '회사'는 감정을 나타내지 않는 존재이기 때문에 '에'를 쓰는 것이 적절합니다.
차에 가방이 있다.
정부에 건의하다.
회사에 가다.

그렇다면 '나에 대한 오해'도 '나에게 대한 오해'로 바꿔야 할까요? '나'는 감정이 있으므로 '나에게'로 바꿔야 할 것 같지만 그렇지 않습니다. 그 이유는 '대한', '대하여'는 '에'와만 어울려 쓰기 때문입니다.
나에 대한 오해. O
나에게 대한 오해. X

031 '유래'와 '유례'는 모두 찾기가 힘듭니다

유래와
유례

유래(由來) 사물이나 일이 생겨남 또는 그 사물이나 일이 생겨난 바
유례(類例) 같거나 비슷한 예

'유래를 찾기 힘들다'와 '유례를 찾기 힘들다'는 무슨 차이일까요? 앞말은 어떻게 그것이 생겨났는지 알아내기 어렵다, 즉 그것의 근원이 무엇인지 알기 어렵다는 말이고 뒷말은 그것과 같거나 비슷한 예가 없다, 즉 그것의 전례를 찾기 힘들다는 말입니다.

'유래'는 '由(말미암을 유)'와 '來(올 래/내)'로 이뤄진 한자어인데요. 어디에서 원인이 되어 왔다는 말입니다. 다음 예문은 각각 한식이 생겨난 기원, 성경에서 생겨난 이름을 의미합니다.

한식의 유래.
성경에서 유래된 이름.

'유례'는 같거나 비슷한 예 또는 이전부터 있었던 사례를 말합니다. '類(무리 류/유)'와 '例(법식 례/예)'로 이뤄진 한자어로, 비슷한 예라는 말이죠. 주로 없거나 적다는 말과 함께 다음 예문들처럼 씁니다.
유례가 없다.
유례를 찾기 힘들다.
유례를 찾아볼 수 없다.

032 연극의 출현진을 소개하겠습니다?

출연하다와
출현하다

| 출연(出演)하다 | 연기, 공연, 연설 따위를 하기 위하여 무대나 연단에 나가다 |
| 출현(出現)하다 | 나타나거나 또는 나타나서 보이다 |

요즘에는 하루가 다르게 새로운 기술이 등장하죠. 이때 신기술은 출연한 걸까요, 출현한 걸까요? 정답은 출현한 것입니다. 신기술이 출연한다고 하면 의미가 어색해집니다.

신기술이 출연하다. X
신기술이 출현하다. O

'출연하다'는 연기나 공연 등을 하기 위해 무대나 방송에 나가는 것을 말하는데요. '출연'의 한자 구성은 '出(날 출)+演(멀리 흐를 연)'입니다. 이때 한자 '演'은 '연극', '연기', '연주'의 '연'과 같습니다.

방송에 **출연**하다.
출연 작품.

또한 '출연하다'는 "금품을 내어 도와주다"라는 뜻도 갖고 있는데요. 이때 '출연'의 한자 구성은 '出(날 출)+捐(버릴 연)'입니다.
장학 기금을 **출연하다**.
정부 **출연** 기관.

한편 '출현하다'는 나타나거나 또는 나타나서 보인다는 의미이며 연기나 공연에 한정해 쓰지 않습니다. 또한 '출현' 역시 한자어인데요. '出(날 출)+現(나타날 현)' 구성으로, 나타난다는 의미를 전달합니다.
곰이 **출현하다**.
적이 **출현하다**.

'출연하다'와 '출현하다' 모두 다 쓸 수 있는 경우도 있는데요. 다만 어떤 어휘를 쓰느냐에 따라 의미가 달라집니다.
새로운 스타가 충무로에 출연했다. ⇒ 새로운 스타가 충무로라는 작품에 등장함
새로운 스타가 충무로에 출현했다. ⇒ 새로운 스타가 충무로에 나타남

> **암기 꿀팁**
>
> '출연'의 '연'은 '연극'의 '연'과 같은 한자임을 떠올리면서 '출연하다'와 '출현하다' 두 말을 구별해 기억하세요.

033 한참 바빠 보여서 한참을 기다렸어

한참과
한창

> 한참 시간이 상당히 지나는 동안
> 한창 어떤 일이 가장 활기 있고 왕성하게 일어나는 때 또는 어떤 상태가 가장 무르익은 때

'한참'과 '한창'은 둘 다 시간을 표현한다는 공통점이 있지만 구체적인 뜻이 조금 다릅니다.

우선 '한참'은 오랜 시간이 지남을 표현할 때 쓰는 말입니다. 다음 예문처럼 긴 시간을 나타내죠.
한참 뒤에.
한참 말이 없었다.
한참을 기다리다.

'한창'은 어떤 일이 가장 활기차고 왕성함을 표현하는 말로, 어떤 것이 절정에 이를 때 씁니다.

개나리가 한창이다.

축제가 한창이다.

한창 바쁘다.

즉, '한참'은 '오래'라는 의미이고 '한창'은 '절정기'라는 의미입니다. 문장에서 어느 것을 쓰는지에 따라 의미가 달라집니다.

한참 힘들다. ⇒ 힘든 지 오래됨

한창 힘들다. ⇒ 지금이 가장 힘든 때

또한 어떤 것의 수나 분량이 많거나 정도가 심할 때도 '한참'을 씁니다. 이때는 '한창'을 쓰면 의미가 어색해지겠죠?

내가 너보다 한참 높다.

돈이 한참 모자라다.

할 일이 한참 남았다.

복습 문제 조금 더 적절한 말을 고르세요

001 요즘은 실제 동물의 **(가죽을/거죽을)** 쓰지 않고 만드는 페이크 퍼가 유행이다.
002 원자재 가격이 작년에 비해 세 **(갑절이나/곱절이나)** 비싸졌다.
003 올해 예산이 **(걷잡아/겉잡아)** 얼마나 될까?
004 그는 **(결단을/결딴을)** 내린 듯 단호하게 말했다.
005 길이 복잡해 오다가 길을 잃을 수도 있어요. **(그러므로/그럼으로)** 조심해야 해요.
006 공작이 **(꼬리를/꽁지를)** 펴자 아이들이 함성을 질렀다.
007 다 읽은 책은 책꽂이에 **(꼽아/꽂아)** 주세요.
008 **(고난도/고난이도)** 문제가 당락을 좌우한다.
009 진열장을 넣기 위해서는 거실 **(너비가/넓이가)** 3m는 돼야 해요.
010 그의 **(넓죽한/넙죽한)** 이마가 눈에 들어왔다.
011 천둥소리에 **(놀라서/놀래서)** 잠이 깼다.
012 친구가 그러는데, 그 영화 **(개봉했대/개봉했데)**.
013 시간은 정했는데, 만날 **(데를/때를)** 아직 못 찾았어.
014 입맛을 **(돋구는/돋우는)** 고소한 향기.
015 심청이의 **(두꺼운/두터운)** 효심으로 아버지를 살렸다.
016 대열에서 **(뒤처진/뒤쳐진)** 대원들이 올 때까지 기다렸다.

017 그 이야기를 듣고, 나는 가슴이 **(먹먹해졌다/멍멍해졌다)**.

018 바라는 건 **(모든지/뭐든지)** 할 수 있어.

019 책상을 혼자서 나르는 건 **(무리야/물의야)**.

020 네가 걱정돼서 뜬눈으로 **(밤샜어/밤새웠어)**.

021 **(배개를/베개를)** 바르게 **(배세요/베세요)**.

022 개울물이 **(붇기/불기)** 전에 어서 대피해.

023 그는 사생활 문제가 **(불거지자/붉어지자)** 침묵했다.

024 **(사단을/사달을)** 일으킨 사람은 반성하세요.

025 이 집에 **(상서로운/상스러운)** 기운이 가득하길 바랍니다.

026 마지막 촛불이 **(스러지자/쓰러지자)** 어둠이 찾아왔다.

027 그 사람 말에는 **(알갱이가/알맹이가)** 없어.

028 **(애먼/엄한)** 데 힘쓰지 말고 중요한 것에 집중해.

029 **(어이없어서/어의없어서)** 말이 안 나오네.

030 고민이 있으면 **(언니에/언니에게)** 말해.

031 올해 겨울은 **(유래없이/유례없이)** 따뜻했다.

032 마동석은 할리우드 영화에 **(출연해/출현해)** 화제가 됐다.

033 **(한참/한창)** 동안 너를 기다렸어.

쉬어가기 | 어휘는 계속 생기고 사라져요

언어는 생명체와 같아서 새로운 말이 생기기도 하고 사라지기도 합니다. 특히나 요즘처럼 매체가 다양하고 소통이 활발한 시기에는 기존에 쓰지 않던 신조어가 많이 생겨나는데요. 이런 신조어가 항상 사전에 올라오는 것은 아니지만 검토를 거쳐 〈표준국어대사전〉의 표제어로 추가되기도 합니다. 반면에 문화나 환경이 바뀌면서 자주 쓰지 않는 어휘는 사어死語가 되어 사라지기도 하죠. 2023년에는 무려 1,000개의 표제어가 등재됐다고 하는데요. 사전에 오른 주요 어휘들을 살펴보겠습니다.

가성비 '가격 대비 성능의 비율'을 줄여 이르는 말
건물주 상가나 빌라 따위의 건물을 소유한 사람
고시원 고시생이 주로 이용하는 곳이라는 뜻으로, 침대와 책상 정도만 놓을 수 있을 정도의 작은 방들을 모아 놓은 숙박 시설
다문화가정 국적과 문화적 배경이 서로 다른 사람들로 이루어진 가정
다이어트하다 살을 빼기 위해 먹는 양을 줄이거나 먹는 종류를 조절하다
로그인하다 미리 등록된 사용자의 이름과 암호를 입력하여 컴퓨터나 인터넷 사이트 따위에 연결하다

리콜하다 생산자의 잘못으로 결함이 생긴 제품을 회수하여 무상으로 점검·교환·수리를 하다

반려견 가족처럼 여기며 키우는 개

반수생 대학에 입학한 상태에서 다른 대학이나 학과에 입학하기 위하여 공부하는 학생

배꼽인사 두 손을 배꼽 언저리에 모으고 허리를 굽혀서 하는 인사

아웃렛 재고품이나 이월 상품을 한곳에 모아 싸게 판매하는 곳

아파트촌 아파트가 모여 있는 마을

알바 '아르바이트'의 준말

애플리케이션 스마트폰이나 컴퓨터 따위의 운영 체제에서 사용자의 편의를 위하여 개발된 다양한 응용 프로그램 ≒ 앱

얼음땡 술래잡기의 하나

오에스티 드라마나 영화에 삽입되어 주제를 돋보이게 만들어 주는 음악

완판하다 상품을 남김없이 다 팔다

전기차 전기 에너지를 동력원으로 하여 운행하는 차

치카치카 어린아이의 말로, '칫솔질'을 이르는 말

케이팝 현대 한국의 대중가요를 다른 나라의 대중가요에 상대하여 이르는 말

어휘를 정확하게 아는 것은 상식입니다.

구조주의, 기의, 기표, 변형 생성 문법

위 어휘들의 뜻을 아나요? 안다면 대학에서 어학을 전공했을 가능성이 높습니다. 왜냐하면 이 어휘들은 일상에서 잘 쓰지 않는 전문 용어이기 때문이죠. 전공자에게는 익숙하겠지만 대부분의 사람들에게는 낯선 말들일 것입니다. 그렇다면 이 어휘들을 모르면 상식이 부족한 걸까요? 아닙니다. 이건 전문 지식이기 때문에 모른다고 전혀 큰일 나지 않습니다. 하지만 상식을 모른다면 말이 달라지죠. '상식'의 정의는 "사람들이 보통 알고 있거나 알아야 하는 지식"입니다. 따라서 어떤 어휘는 상식이 있는 사람이라면 꼭 알고 있어야 합니다. 이걸 모른 채 소통을 하면 나도 모르는 사이에 무시를 당할 수도 있기 때문입니다. 종종 방송에서 연예인들이 특정 어휘의 뜻을 몰라 실수를 하면 놀림을 당하는 것처럼요. 이뿐만 아니라 상식 차원의 어휘는 법이나 돈과 연관이 있을 때도 있어 제대로 모르면 손해 보기 딱 좋습니다. 3장에서는 상식 차원에서 꼭 알아야 하는 어휘들을 알아보겠습니다. 아마 뉴스에서 많이 들어 봤을 거예요. 주로 비슷한 맥락에 섞어 쓰지만 사실은 뜻과 쓰임이 다르므로 정확하게 알아 두는 것이 중요합니다.

상식의 영역:
정확하게 표현하기

034 그래서 된 거예요, 안 된 거예요?

가결과 부결

가결(可決) 회의에서 제출된 의안을 합당하다고 결정함
부결(否決) 의논한 안건을 받아들이지 아니하기로 결정함 또는 그런 결정

뉴스에서 동의안, 법안, 임금안 등이 '가결됐다' 또는 '부결됐다'라는 말을 많이 들어 봤을 거예요. 이런 기사가 나올 때마다 연관 검색어로 '가결 뜻', '부결 뜻'이 뜨곤 하는데요. 뉴스를 보고 통과가 됐다는 건지 안 됐다는 건지 헷갈리는 사람이 많다는 말이겠죠. '가결'과 '부결'은 둘 다 어떤 안건을 처리한 결과를 나타내지만 뜻이 정반대입니다.

동의안이 가결됐다. ↔ **동의안이 부결됐다.**

'가결'은 의논한 안건을 합당하다고 결정하는 것입니다. 옳다는

의미의 한자 '可(옳을 가)'와 결정한다는 의미의 한자 '決(결정할 결)'로 이뤄진 말로, 옳다고 결정한다는 의미입니다.

반면에 '부결'은 의논한 안건을 받아들이지 않기로 결정하는 것입니다. 이때의 '결'은 '가결'의 '결'과 같은 한자 '決(결정할 결)'을 쓰지만 '부'는 '否(아닐 부)'를 씁니다. 즉, 아니라고 결정한다는 의미이죠.

035 / 하나는 합법, 하나는 불법이다?

감청과
도청

감청(監聽) 기밀을 보호하거나 수사 따위에 필요한 참고 자료를 얻기 위하여 통신 내용을 엿듣는 일

도청(盜聽) 특수한 장치를 이용하여 남의 이야기, 회의의 내용, 전화 통화 따위를 몰래 엿듣는 일

'감청'과 '도청'은 모두 다른 사람의 말을 엿듣는 것이라는 공통점이 있습니다. 하지만 사전의 정의를 보면 둘은 다른 점이 있습니다.

'감청'은 기밀 보호나 수사 등에 필요한 참고 자료를 얻기 위해 통신 내용을 엿듣는 것입니다.

'도청'은 특수한 장치로 다른 사람의 이야기나 전화 통화 등을 몰래 엿듣는 것입니다. 만약 내가 경쟁 업체의 사무실에 녹음기

를 설치해 내부 정보를 들었다면 이것은 '도청'을 한 것입니다.

흔히 '도청'은 불법, '감청'은 합법이라고 단순히 말하기도 하지만 적법하게 감청하기 위해서는 따라야 하는 절차와 조건이 있다고 합니다.

036 누가 신고하느냐에 따라 다르다

고발과
고소

고발(告發) 피해자나 고소권자가 아닌 제삼자가 수사 기관에 범죄 사실을 신고하여 수사 및 범인의 기소를 요구하는 일

고소(告訴) 범죄의 피해자나 다른 고소권자가 범죄 사실을 수사 기관에 신고하여 그 수사와 범인의 기소를 요구하는 일

만약 길을 걷다가 소매치기를 당했다면 나는 소매치기범을 고발할 수 있을까요? 이때는 '고발'이라고 하지 않고 '고소'라고 합니다. '고발'과 '고소'는 둘 다 범죄 사실을 수사 기관에 신고해 수사를 하고 범인을 기소하도록 요구한다는 공통점이 있지만 결정적인 차이가 있습니다.

'고발'은 피해자나 고소권자가 아니라 제삼자가 신고를 하는 것입니다. 즉, 내가 당한 사건에 대해 내가 '고발'을 한다고 하면 의미가 어색하겠죠. '고발'은 주로 시민 단체나 정부 기관 등에

서 불법 행위를 발견했을 때 합니다.

반면에 '고소'는 피해자나 고소권자가 신고를 하는 것입니다. 즉, 내가 소매치기를 당하고 이것을 내가 신고하면 '고소'를 하는 것이죠.

정리하면 피해를 입은 당사자가 신고하면 '고소', 제삼자가 신고하면 '고발'입니다.

037 경찰에 소장을 제출한다고?

고소장과
소장

> **고소장**(告訴狀) | 범죄의 피해자나 다른 고소권자가 범죄 사실을 고소하기 위하여 수사 기관에 제출하는 서류
>
> **소장**(訴狀) | 소송을 제기하기 위하여 제일심 법원에 제출하는 서류

만약 친구가 '나 오늘 소장 제출하러 경찰서에 가'라고 하면 어떻게 해야 할까요? 말려야 합니다. '소장'은 경찰서에 내는 것이 아니라 법원에 내는 것이기 때문이죠. 그런데 친구가 경찰서에 '소장'이 아니라 '고소장'을 제출하러 간다고 하면 좋은 소식이 있길 기원해 주면 됩니다. '고소장'과 '소장'은 비슷해 보이지만 분명한 차이가 있습니다.

'고소장'은 경찰이나 검찰 같은 수사 기관에 범죄를 고소할 때 내는 서류로, 형사 사건에 씁니다. 바로 앞에서 살펴봤듯이 '고

소장'은 범죄의 피해자나 다른 고소권자가 낼 수 있습니다.

'소장'은 소를 제기할 때 법원에 내는 서류입니다. 민사 소송, 즉 개인과 개인 간의 분쟁을 해결할 때 쓰죠. 법원에 '소장'을 내면 법원에서는 잘잘못을 따져 판결을 내립니다. 따라서 법원이 아니라 경찰서에 '소장'을 제출한다고 하면 의미가 어색해집니다.
경찰서에 고소장을 제출하다.
법원에 소장을 제출하다.

참고로 '공소장'은 "검사가 공소를 제기하고자 할 때 관할 법원에 제출하는 문서"라는 뜻입니다.

038 시간을 가로와 세로로 나누는 법

공시적과
통시적

| 공시적(共時的) | 어떤 시기를 횡적으로 바라보는 것 |
| 통시적(通時的) | 어떤 시기를 종적으로 바라보는 것 |

'공시적'과 '통시적'을 사전에 찾아보면 '공시적'은 어떤 시기를 횡적, 즉 '가로'로 바라보는 것이고 '통시적'은 어떤 시기를 종적, 즉 '상하'로 바라보는 것이라고 나오는데요. 뜻풀이가 더 어려운 두 말은 주로 무언가를 연구할 때 많이 씁니다.

'공시적'인 연구는 시대가 달라짐에 따라 바뀌는 양상이 아니라 한 시대를 중심으로 하는 연구를 말합니다. 예를 들어 21세기의 한국어 어휘가 지역별로 어떻게 다른지에 관해 연구한다면 '공시적'인 연구입니다. 시대를 고정하면 주로 공간에 대해 넓게 살펴보게 되죠. 공간은 땅이라는 가로의 개념이므로 이것을 생각하며 시간의 흐름이 아닌 시간이 고정된 상태에 대해 연구한다면 횡적인 것, 즉 '공시적'이라고 보면 됩니다.

반면에 연구하는 내용이 고정된 한 시대에 관한 것이 아니라 시간의 흐름에 따라 달라지는 양상을 본다면 '통시적'인 것입니다. 예를 들어 한국어 어휘가 19세기, 20세기, 21세기에 각각 어떻게 바뀌었는지에 관해 살펴본다면 '통시적'인 연구입니다. 연대표 등에 시간의 흐름을 세로로 적는 것처럼요. 이것을 떠올려 시대가 달라짐에 따라 바뀌는 양상을 서술한다면 종적인 것, 즉 '통시적'이라고 보면 됩니다.

암기꿀팁

'통시적'은 시간을(時) 통과한다(通)고 생각하세요. 시간을 통과하는 것이니 시간의 흐름에 대해 서술하겠죠. '공시적'의 한자 '공'은 '共(함께 공)'입니다. 따라서 모두가 함께하는 하나의 시대에 대해 이야기하는 거라고 연상하세요.

039 죄를 지어도 교도소에 안 갈 수 있다?

교도소와
구치소

교도소(矯導所) 징역형이나 금고형, 노역장 유치나 구류 처분을 받은 사람, 재판 중에 있는 사람 등을 수용하는 시설

구치소(拘置所) 형사 피의자 또는 형사 피고인으로서 구속 영장에 의하여 구속된 사람을 판결이 내려질 때까지 수용하는 시설

영화 〈7번방의 선물〉과 드라마 〈슬기로운 감빵생활〉은 모두 '교도소'를 배경으로 하는 작품인데요. '교도소'는 범죄를 저질러 징역형, 금고형, 노역장 유치나 구류 처분을 받은 사람, 재판 중에 있는 사람 등을 수용하는 시설입니다. 주로 재판을 받아 판결이 확정된 사람들이 있는 곳이죠.

그렇다면 비슷하게 쓰이는 '구치소'는 무엇일까요? '구치소'는 주로 형사 피의자(160쪽 참고)나 피고인(139쪽 참고) 신분으로 구속 영장을 받고 구속이 됐으나 아직 판결이 나지 않은 사람들을 가

두는 공간입니다. 죄가 확정되지 않아 무죄의 가능성이 있더라도 신체의 자유를 박탈당할 수 있기 때문인데요. 만약 도망을 치거나 증거를 없앨 우려가 있다면 구속 영장의 집행을 통해 '구치소'에 구속이 됩니다.

사실 때에 따라 '교도소'와 '구치소'에 사람들이 섞여 지낸다고도 해요.

참고로 '유치장'은 각 경찰서 안에 있는 곳으로, 피의자나 경범죄를 지은 사람 등을 잠시 동안 가둬 놓는 곳입니다.

040 알았다가도 잊어버리는 그 말

귀납법과 연역법

| 귀납법(歸納法) | 개별적인 특수한 사실이나 원리를 전제로 하여 일반적인 사실이나 원리를 결론으로 이끌어 내는 추론 방법 |
| 연역법(演繹法) | 일반적 사실이나 원리를 전제로 하여 개별적인 특수한 사실이나 원리를 결론으로 이끌어 내는 추론 방법 |

말만 들어도 어렵게 느껴지는 두 말은 모두 논증할 때 쓰는 방법입니다. 일상에서는 쓸 일이 많이 없지만 글에 종종 나오기 때문에 차이를 알아 두면 좋습니다. 어떤 것의 결론을 내기 위해서는 그 전제가 있어야 하는데요. 전제와 결론의 속성에 따라 귀납과 연역이 구별됩니다.

개별적인 사실이나 원리를 전제로 하여 일반적인 내용의 결론을 낸다면 '귀납법'입니다. 예를 들어 '나는 생각을 한다', '철수도 생각을 한다', '영희도 생각을 한다'라는 개별적인 사실들을 모아 '사람은 생각을 한다'라고 일반화해 결론을 낸다면 '귀납법'입니다. 여러 가지 개별적이고 특수한 사례를 모아 인과 관계를 확정하는 것이죠. 전제가 참이면 결론이 참이라는 것을 개연적으로 보장한다고 주장하는 논증입니다.

반대로 일반적인 내용을 전제로 하여 개별적인 사실이나 원리에 해당하는 결론을 낸다면 '연역법'입니다. 예를 들어 '사람은 생각을 한다'처럼 일반적인 사실이 있고 이것을 '나'라는 개별적인 사례에 적용하면 '나도 생각을 한다'라는 결론이 나오겠죠. '사람'이라는 일반적인 이야기를 '나'에게 적용한 것이므로 '연역법'입니다. '모든 사람은 죽는다. 소크라테스는 사람이다. 소크라테스는 죽는다' 같은 삼단 논법이 대표적인 형식입니다. 전제가 참이면 결론이 참이라는 것을 필연적으로 보장한다고 주장하는 논증입니다.

암기꿀팁

모래시계 모양을 떠올려 보세요. 모래시계의 가장 넓은 부분인 맨 위와 맨 아래가 여러 가지의 개별적 사실이고, 가장 좁은 가운데가 일반적 사실이라고 생각하세요. 그리고 귀는 우리 몸의 윗부분에 있죠? 따라서 모래시계의 위쪽이 '귀납법', 아래쪽이 '연역법'이라고 짝지어 보세요. '귀납법'은 모래시계의 가장 넓은 부분에서 좁은 부분으로 내려가고 있으니 여러 개의 개별적 사실에서 일반적 사실로 가는 것이고, '연역법'은 가장 좁은 부분에서 넓은 부분으로 내려가고 있으니 일반적 사실에서 개별적 사실로 가는 것이라고 기억하세요.

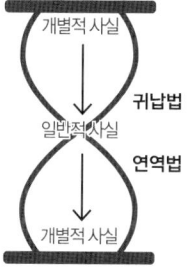

041 약물의 남용과 오용의 차이

남용과
오용

남용(濫用) 일정한 기준이나 한도를 넘어서 함부로 씀
오용(誤用) 잘못 사용함

약물의 '남용'과 '오용'은 둘 다 부작용을 일으킬 수 있다는 공통점이 있지만 부작용을 일으키는 원인은 약물의 '남용'과 '오용'에 따라 다를 수 있습니다.

'남용'은 일정한 기준이나 한도를 넘어 함부로 쓰는 것을 말합니다. '남용'의 한자 '濫(넘칠 람/남)'은 '넘치다', '범람하다'라는 뜻을 갖고 있어 '남용'은 넘치게 쓴다는 것을 의미하죠. '남용'과 함께 많이 쓰는 말로는 '오용'이 있는데요. '오용'은 잘못 사용한 경우에 씁니다. '오용'의 한자 '誤(그릇할 오)'는 '잘못하다'라는 뜻을 갖

고 있어 '오용'은 말 그대로 잘못 사용한다는 의미입니다. 참고로 '남용'과 '오용'을 아울러 '오남용'이라고도 합니다.

'남용'과 '오용'은 약물뿐만 아니라 다른 표현에도 쓰는데요. '남용'은 권리나 권한을 원래의 목적이나 범위를 벗어나 함부로 행사할 때, '오용'은 단어의 뜻을 제대로 모르고 잘못 사용할 때 쓰기도 합니다.

권력을 <u>남용하다</u>.

단어를 <u>오용하다</u>.

042 냉전과 열전 사이

냉전과 열전

|냉전(冷戰)| 직접적으로 무력을 사용하지 않고 경제·외교·정보 따위를 수단으로 하는 국제적 대립

|열전(熱戰)| 무력을 사용하는 전쟁

〈냉정과 열정 사이〉라는 영화를 아나요? 차갑고 차분한 상태인 냉정과 뜨겁고 흥분한 상태인 열정을 오가는 남녀의 관계를 그린 영화인데요. 냉정, 열정과 발음이 비슷한 '냉전', '열전'도 마찬가지입니다.

두 어휘 모두 한자 '戰(싸울 전)'이 들어 있어 둘 다 무기를 갖고 하는 전쟁이라고 생각하기 쉬운데요. 무력이나 화력을 사용해 뜨겁게 대립하는 전쟁은 '열전'입니다. 이때의 '열'은 한자 '熱(더울 열)'입니다.

또한 '열전'은 전쟁뿐만 아니라 운동 경기에서 맹렬하게 싸울 때도 쏩니다.
오늘 경기는 열전이 예상된다.

반면에 '냉전'은 직접적으로 무력을 사용하지 않는 국제적인 대립을 말합니다. 화력이 없으니 차갑겠죠. 이때는 '차다'라는 뜻을 가진 한자 '冷(찰 랭/냉)'을 씁니다. 일반적으로 '냉전 시대'라 함은 이념 싸움이 진행되던 제2차 세계 대전 이후 자본주의와 공산주의의 대립을 가리킵니다.

'냉전'은 국가 간의 갈등뿐만 아니라 두 대상의 갈등 구조를 말할 때도 씁니다.
우리 부부는 아직도 냉전 상태이다.

043 명태의 다른 이름들

동태 / 북어 / 생태 / 코다리 / 황태

동태(凍太)	얼린 명태
북어(北魚)	말린 명태
생태(生太)	얼리거나 말리지 아니한 잡은 그대로의 명태
코다리	물기나 습기를 절반 정도 말려서 없앤 명태
황태(黃太)	얼부풀어 더덕처럼 마른 북어

동태탕, 북엇국, 생태탕, 코다리조림, 황태찜…. 듣기만 해도 군침이 도는 이 음식들은 모두 같은 생선으로 만든 음식이란 사실을 아나요? '동태', '북어', '생태', '코다리', '황태'는 모두 '명태'의 다른 이름들입니다. 대구과의 바닷물고기인 명태는 그 상태에 따라 이름이 바뀌곤 하죠.

가장 기본적인 이름은 '명태'입니다.
명태를 얼리거나 말리지 않고 잡은 그대로의 상태를 '생태'라고 합니다.

아주 빳빳하게 말린 명태를 '북어'라고 합니다.

명태를 다 말리지 않고 반만 말리기도 하는데, 이게 '코다리'입니다.

한겨울에 덕장(물고기 따위를 말리려고 덕을 매어 놓은 곳 또는 그렇게 맨 덕)에서 얼렸다 녹이기를 반복하면서 말리면 명태가 누런색이 되는데, 이것을 '황태'라고 합니다.

만약 명태를 그냥 얼렸다면 '동태'입니다.

이 밖에도 '노가리(명태의 새끼)', '아기태(어린 명태)' 등 이름이 더 있다고 하니 명태만큼 이름이 다양한 생선도 없을 것 같네요.

044 사장님 필수 어휘

매출과
이익

매출(賣出) 물건 따위를 내다 파는 일
이익(利益) 물질적으로나 정신적으로 보탬이 되는 것

방송에서 인기 많은 맛집을 소개할 때 '월 매출이 ○○억 원이다'라고 하는 말을 들어 봤을 거예요. 만약 어떤 식당의 월 매출이 10억 원이라면 사장은 월에 10억 원을 버는 것이니 좋겠다는 생각이 드나요? 하지만 '매출이 10억 원'이라는 말은 남는 돈이 10억 원이라는 말이 아니라 판매한 금액이 10억 원이라는 말입니다. 이것은 사장이 지출해야 하는 임대료, 인건비, 재료비 등의 비용을 제하지 않은 금액이므로 정확히 얼마가 남는지는 알 수 없죠. 이때 사장에게 남는 돈, 간단히 말해 '매출'에서 비용을 뺀 것이 '이익'입니다.

사전적으로 '매출'은 물건을 내다 파는 일을 일컫고 '이익'은 물질적 또는 정신적으로 보탬이 되는 것을 포괄하는 말입니다.
신제품 매출이 증가세를 보이다.
각국은 자국의 이익을 중시한다.

그런데 '매출'과 '이익'이 경제 기사나 기업 공시에 쓰여 회계적인 의미를 갖는다면 둘은 엄격하게 구별됩니다. '매출'이 얼마인지와 '이익'이 얼마인지는 다른 개념이기 때문이죠. 아무리 '매출'이 많았어도 쓴 비용이 많다면 결국 기업에 남는 돈인 '이익'은 적을 수밖에 없습니다.

참고로 '수익'이라는 말도 있는데요. '수익'의 사전적 정의는 "이익을 거두어들임 또는 그 이익"이지만 경우에 따라 '매출'을 나타내기도 하고 '이익'을 나타내기도 합니다. 따라서 '수익'이 가리키는 것이 '매출'인지 '이익'인지가 중요한 상황이라면 의미하는 바를 정확히 나타내는 게 좋겠죠.

045 둘 중 뭐가 더 몸에 좋을까?

무농약과 유기농

무농약(無農藥) 농약을 쓰지 않은 것
유기농(有機農) 화학 비료나 농약을 쓰지 아니하고 유기물을 이용하는 농업 방식

이왕이면 깨끗하고 안전한 농산물을 먹고 싶은 것이 소비자의 마음일 것입니다. 그래서 친환경 먹거리들을 찾게 되는데요. 친환경 식재료를 찾다 보면 '무농약'과 '유기농'이라는 말이 많이 보입니다. 둘 다 자연 친화적으로 재배한 농산물이라는 의미라 비슷하다는 생각이 들 수 있지만 차이가 있습니다.

'무농약'과 '유기농' 둘 중 어느 것이 더 안전한 방식으로 재배한 것일까요? 정답은 '유기농'입니다. '유기농'은 화학 비료나 농약을 사용하지 않고 똥, 오줌, 퇴비 등의 천연 비료, 즉 유기물로

재배하는 방식을 말합니다.

'무농약'은 제초제나 살충제 등의 농약을 사용하지 않은 것을 말합니다. 농약은 쓰지 않지만 화학 비료는 쓰는 것이 '유기농'과의 차이입니다. 다만 화학 비료는 권장량의 1/3 이하로 써야 한다고 해요. 따라서 화학 비료도 안 쓰고 농약도 안 쓰는 '유기농'이 더 안전하겠죠.

우리나라에는 정부에서 만든 친환경 농산물 인증 제도가 있어 '무농약'과 '유기농' 제품에는 각각의 인증 스티커가 붙어 있습니다.

046 법대로 하자고? 무슨 법대로?

민사와 형사

민사(民事) 사법적인 법률관계에서 일어나는 일
형사(刑事) 형법의 적용을 받는 사건

'법대로 하자', 싸움이 격해질 때 나오는 단골 표현이죠. 이 말은 법원의 재판 결과대로 하자는 의미인데요. 이 말을 들으면 이렇게 되물어야 합니다. '민사로, 형사로?' 왜냐하면 '민사'와 '형사'는 엄연히 다르기 때문입니다.

'민사'는 사법에 의하여 규율되는 사건입니다. 민법, 상법 등의 사법은 개인 간의 재산, 신분 등에 대한 법률관계를 규정한 법인데요. '민사' 소송은 부동산, 금전 문제, 손해 배상 청구 등과 같은 개인 사이에서 일어난 문제에 관해 법원이 판단해 주는 것입니다.

반면에 '형사'는 형법을 적용해 국가가 형벌권을 행사하는 사건입니다. 형법은 범죄를 지은 사람을 국가가 어떻게 처벌할지에 관해 규정한 법인데요. '형사' 소송은 살인, 상해, 폭행 등의 범죄를 저지른 사람을 처벌하기 위한 재판 절차입니다.

참고로 '민사' 소송과 '형사' 소송이 동시에 진행되기도 하는데요. 가해자에 대한 '형사' 처벌만으로 손해에 대해 배상을 받지 못했을 경우 피해자는 '민사' 소송까지 제기하기도 합니다.

047　코로나19는 바이러스일까, 세균일까?

바이러스와
세균

[바이러스] 동물, 식물, 세균 따위의 살아 있는 세포에 기생하고 세포 안에서만 증식이 가능한 비세포성 생물

[세균(細菌)] 생물체 가운데 가장 미세하고 가장 하등에 속하는 단세포 생활체

코로나19는 '바이러스'일까요, '세균'일까요? 정답은 '바이러스'입니다. 둘은 전염병을 일으킨다는 점에서 얼핏 차이가 없어 보이지만 많은 것이 다른 존재입니다.

'세균'은 단세포로 이뤄진 독립된 생물체입니다. 다른 생물체에 기생하기도 하지만 스스로 생존하고 번식할 수 있죠. '세균'에 의해 생기는 질병에는 결핵, 식중독, 파상풍 등이 있으며 주로 항생제를 이용해 치료합니다.

하지만 '바이러스'는 핵산(RNA, DNA)과 단백질로 이뤄져 있는데요. 스스로 생존과 번식을 할 수 없습니다. 그래서 기생해 살아갈 수 있는 숙주가 있어야 하죠. 코로나19 바이러스가 우리 몸에 기생해 살다가 외부 환경에 오랜 시간 노출되면 사멸한 것처럼요. 감기, 독감 등이 '바이러스'로 인해 생기는 질병이며 필요시 항바이러스제로 치료합니다.

암기꿀팁

컴퓨터 바이러스를 생각해 보세요. 컴퓨터 바이러스는 혼자 살아서 돌아다니는 것이 아니라 컴퓨터를 숙주로 해서 전염되죠.

048 엑스선의 발견일까, 발명일까?

발견과
발명

발명(發明) 아직까지 없던 기술이나 물건을 새로 생각하여 만들어 냄
발견(發見) 미처 찾아내지 못하였거나 아직 알려지지 아니한 사물이나 현상, 사실 따위를 찾아냄

몸에 문제가 있을 때 검사를 하기 위해 엑스레이를 찍는 경우가 있는데요. 이때 이용하는 엑스선은 이미 자연에 존재하던 것입니다. 그런데 그 존재를 계속 몰랐다가 1895년 독일의 물리학자인 뢴트겐Wilhelm Conrad Röntgen이 찾아냈다고 해요. 그렇다면 뢴트겐은 엑스선을 발견한 것일까요, 발명한 것일까요? 정답은 발견한 것입니다.

엑스선의 발견. O
엑스선의 발명. X

'발견'은 이미 존재했지만 미처 찾아내지 못했거나 아직 알려지지 않은 것을 찾아냈을 때 쓰는 말입니다. 엑스선도 원래 자연에 존재하던 현상이었으니 '발견'을 한 것이죠.

만유인력의 발견.

불의 발견.

신대륙의 발견.

'발명'은 세상에 없던 기술이나 물건을 새로 생각해 만들어 냈을 때 쓰는 말입니다.

망원경의 발명.

증기 기관의 발명.

활자의 발명.

정리하면 '발견'은 있던 것을 찾아냈을 때, '발명'은 없던 것을 만들어 냈을 때 씁니다. 만약 엑스선을 이용해 병을 진단하는 장치를 만들어 냈다면 그것은 '발명'이 되겠죠?

암기꿀팁

맛집을 찾았을 때 '맛집 발명'이라고 하지 않고 '맛집 발견'이라고 하죠. 음식점을 만들어 낸 것이 아니라 이미 있던 음식점을 찾아낸 것이므로 '발견'을 쓴다고 기억하면 쉬워요.

049　말과 글의 차이

번역과
통역

번역(飜譯) 어떤 언어로 된 글을 다른 언어의 글로 옮김
통역(通譯) 말이 통하지 아니하는 사람 사이에서 뜻이 통하도록 말을 옮겨 줌 또는 그런 일을 하는 사람

외국어로 된 글이나 말을 한국어로 바꿀 때는 '번역'이나 '통역'이 필요합니다. '번역'과 '통역'은 둘 다 어떤 언어를 다른 언어로 전환하는 방법이지만 구별해서 씁니다.

'번역'은 어떤 언어로 된 글을 다른 언어의 글로 옮길 때 쓰는 말입니다. 외국어로 된 글을 한국어의 글로, 한국어로 된 글을 외국어의 글로 옮기는 것처럼요. 책이나 신문 기사, 계약서, 이메일 등의 글이 '번역'의 대상이죠.
이 책은 영어와 프랑스어로 번역됐다.

'통역'은 어떤 언어로 하는 말을 다른 언어의 말로 옮길 때 쓰는 말입니다. 외국어로 하는 말을 한국어의 말로, 한국어로 하는 말을 외국어의 말로 옮기는 것처럼요. 연설, 회의, 인터뷰 등의 말이 '통역'의 대상이죠.

그는 이번 정상 회담에서 통역을 맡았다.

주로 '번역'은 글을 읽고 시간차를 두고 하는 반면에 '통역'은 바로바로 말을 옮기는 경우가 많습니다. 그렇다 보니 각각 필요한 능력이 달라 '번역'을 전문으로 하는 사람과 '통역'을 전문으로 하는 사람이 따로 있기도 하죠.

050 작은 병원과 큰 병원의 차이

병원과 의원

병원(病院) 병자(病者)를 진찰, 치료하는 데에 필요한 설비를 갖추어 놓은 곳
의원(醫院) 진료 시설을 갖추고 주로 외래 환자를 대상으로 의사가 의료 행위를 하는 곳

동네에서 병원을 찾을 때 '병원'이 아니라 '의원'이라고 적힌 곳을 본 적 없나요? 일반적으로 아픈 사람을 진찰하고 치료하는 곳을 '병원'이라고 통칭하지만 의료 기관으로서의 '병원'과 '의원'은 차이가 있습니다.

'병원'은 30명 이상의 환자를 수용할 수 있는 시설, 즉 병상을 갖춘 의료 기관을 말합니다. 30명 이상의 환자를 수용하려면 규모가 꽤 커야겠죠. 반면에 30명 이상을 수용할 수 없는 곳은 '의원'이라고 합니다. '병원'보다는 시설이 작고 주로 입원 환자보다

외래 환자를 대상으로 하죠.

동네에 있는 작은 병원들은 아무래도 입원보다는 외래로 진료를 보는 경우가 많습니다. 그래서 그런 곳은 간판에 '의원'이라고 쓰여 있을 거예요.

051 결혼식에 내는 것은?

부의와
부조

부의(賻儀) 상가(喪家)에 부조로 보내는 돈이나 물품 또는 그런 일
부조(扶助) 잔칫집이나 상가(喪家) 따위에 돈이나 물건을 보내어 도와줌 또는 돈이나 물건

결혼식에 갈 때는 축의금을 챙겨 가죠. 이때 내는 축의금은 '부의'일까요, '부조'일까요? '부의'라고 하면 조금 곤란합니다.

결혼식에 부의를 내다. X

'부조'는 잔칫집이나 상가 등에 돈이나 물건을 보내 도와주는 것을 말합니다. 한자 '扶(도울 부)'와 '助(도울 조)'를 써서 도와준다는 의미이죠. 결혼식, 돌잔치 등의 기쁜 일이 있을 때나 장례를 치를 때 모두 쓸 수 있는 말이며 '부조'로 내는 돈을 '부조' 또는 '부조금'이라고 합니다.

결혼식에 부조를 내다.
장례식에 부조를 내다.

간혹 '부조'를 '부주'라고 잘못 쓰기도 하는데, '부조'가 표준어입니다.

'부의'는 상가에 '부조'로 보내는 돈이나 물품을 말합니다. '부조'이지만 상가에 보내는 것만 한정해 표현하죠. 그래서 결혼식 등의 경사에 '부의'를 한다고 하면 꽤나 난감한 상황이 발생합니다. '부의'의 '부'는 한자 '賻(부의할 부)'로, '부조'의 '부'와 다릅니다. 그리고 '부의'로 보내는 돈은 '부의' 또는 '부의금'이라고 합니다.

상가에 부의를 보내다.

참고로 '부의'와 의미가 비슷한 말로 "남의 죽음을 슬퍼하는 뜻"의 '조의'도 있습니다. '조의'를 표하며 내는 돈은 '조의금'입니다.

삼가 조의를 표합니다.

052 우리 회사가 판매하는 것은?

상품과 제품

상품(商品) 사고파는 물품
제품(製品) 원료를 써서 물건을 만듦 또는 그렇게 만들어 낸 물품

홈 쇼핑에서 청소기를 판매할 때 '이 상품은요', '이 제품은요'라고 하는 것을 들어 봤을 거예요. 하지만 여행 패키지를 판매할 때는 '이 제품은요'라고 잘 하지 않고 주로 '이 상품은요'라고 합니다. 왜일까요?

'상품'은 한자 '商(장사 상)'을 써서 사고파는 물품을 말합니다. 만드는 행위보다 사고파는 행위에 초점이 맞춰져 있죠. 청소기와 여행 모두 사고파는 것이므로 '상품'이라는 말을 쓸 수 있습니다.

'제품'은 원료를 써서 만들어 낸 물건을 말합니다. 그래서 '만들다'라는 뜻을 가진 한자 製(지을 제)'를 쓰죠. 청소기는 공장에서 원료를 이용해 만든 형체를 가진 물건입니다. 하지만 여행은 원료를 이용해 만든 것은 아니죠. 그래서 청소기는 '제품'이라고 하지만 여행은 '제품'이라고 하면 어색합니다.

회계에서는 두 말을 조금 더 엄격하게 구별하는데요. 기업에서 '상품'을 판매하는지, '제품'을 판매하는지에 따라 회계 처리 방식이 달라집니다. '상품'은 다른 기업에서 사서 판매할 경우에 쓰는 말이고 '제품'은 해당 기업이 직접 만들어 판매할 경우에 쓰는 말입니다. 쉽게 생각하면 자동차, 전자 제품 등을 만드는 제조업은 주로 '제품'을 판매하고 마트, 면세점, 백화점 같은 유통업은 주로 '상품'을 판매한다고 할 수 있죠.

053 누가 나쁜 사람일까?

원고와 피고

원고(原告) 법원에 민사 소송을 제기한 사람
피고(被告) 민사 소송에서 소송을 당한 측의 당사자

'원고'와 '피고', 둘 중 누가 나쁜 사람일까요? 왠지 '원고'는 좋은 사람, '피고'는 나쁜 사람 같나요? 그럴 수도 있지만 정확하게 말하면 '원고'와 '피고'라는 말 자체에는 좋고 나쁨이 존재하지 않습니다. 다만 누가 소를 제기했고 누가 소송을 당한 것인지가 다를 뿐이죠.

'원고'와 '피고'는 둘 다 민사 소송에 쓰는 말인데요. 소를 제기한 사람이 '원고', 소송을 당한 사람이 '피고'입니다. '피고'의 '피'는 한자 '被(입을 피)'인데요. 어떤 것을 당한다는 의미를 갖고 있습니

다. 소송을 당한 것이니 '피고'가 되는 것이죠.

따라서 '원고'라서 좋은 사람, '피고'라서 나쁜 사람이라고 단순히 말하기는 어렵습니다.

참고로 '피고인'은 형사 사건에 쓰는 말로, "형사 소송에서 검사에 의하여 형사 책임을 져야 할 자로 공소 제기를 받은 사람"이라는 뜻입니다.

054 | 19세는 술을 마실 수 있을까?

이상과 이하 /
초과와 미만

이상(以上) 수량이나 정도가 일정한 기준보다 더 많거나 나음
이하(以下) 수량이나 정도가 일정한 기준보다 더 적거나 모자람
초과(超過) 일정한 수나 한도 따위를 넘음
미만(未滿) 정한 수효나 정도에 차지 못함 또는 그런 상태

우리나라는 법적으로 19세 미만의 미성년자에게는 술을 판매할 수 없습니다. 그렇다면 19세에게는 판매해도 될까요? '19세 미만'이므로 19세에게는 판매해도 됩니다. '이상', '이하', '초과', '미만'은 법률이나 규칙에 많이 사용되기 때문에 그 뜻을 정확하게 알고 유의해서 써야 합니다.

먼저 '이상'은 앞에 나온 수를 포함해 그보다 큰 수를 말합니다.
19세 이상. ⇒ 19세~

만약 '19세 이하'에게 술을 판매할 수 없다고 하면 어떨까요? 19세에게는 판매하면 안 됩니다. '이하'는 앞에 나온 수를 포함해 그보다 작은 수를 말하기 때문이죠.

19세 이하. ⇒ 1~19세

'초과'는 앞에 나온 수를 포함하지 않고 그보다 큰 수를 말합니다.
19세 초과. ⇒ 20세~

그리고 '미만'은 앞에 나온 수를 포함하지 않고 그보다 작은 수를 말합니다. 그래서 '19세 미만 금지'라고 하면 18세까지는 안 되지만 19세부터는 되는 것이죠.
19세 미만. ⇒ 1~18세

정리하면 '이상'과 '이하'는 앞의 수를 포함하고 '초과'와 '미만'은 앞의 수를 포함하지 않습니다.

참고로 수학에서 '이상'과 '이하'를 표기할 때는 등호가 들어간 기호인 '≤, ≥'를 쓰고 '초과'와 '미만'을 표기할 때는 등호가 들어가지 않은 기호인 '<, >'를 씁니다.

055　안주 일절? 안주 일체?

일절과
일체

일절(一切)　아주, 전혀, 절대로의 뜻으로, 흔히 행위를 그치게 하거나 어떤 일을 하지 않을 때에 쓰는 말

일체(一切)　모든 것

간혹 '안주 일절'이라고 쓰여 있는 술집을 볼 수 있는데요. 모든 종류의 안주를 판매한다는 사실을 말하고 싶었을 것입니다. 그런데 '안주 일절'은 어떤 안주도 팔지 않는다는 의미에 가까워요. 모든 종류의 안주를 판매한다고 말하려면 '안주 일체'라고 쓰는 것이 적절합니다.

안주 일절. X
안주 일체. O

'일절'은 아주, 전혀, 절대로의 의미로서 어떤 행위를 그치게 하

거나 하지 않을 때 쓰는 말입니다. 부사이며 주로 금지하거나 부정하는 말과 함께 쓰죠.

일절 금하다.

일절 언급하지 않다.

'일체'는 모든 것, 즉 전부라는 의미의 명사입니다. 그래서 '안주 일체'라 함은 모든 안주가 있다는 말이 되죠.

일체의 비용.

일체의 책임을 지다.

재산 일체.

또한 '일체로'처럼 써서 전부, 완전히라는 의미를 나타내기도 합니다.

권한을 일체로 맡기다.

'일체'도 '일절'처럼 부사로 쓰일 때가 있는데, 이때는 "모든 것을 다"라는 뜻입니다.

걱정 근심을 일체 털어 버리다.

참고로 '일절'과 '일체'는 한자가 같습니다. 둘 다 '一切'로 쓰죠. 한자 '切'은 '끊을 절'과 '모두 체'라는 2가지 뜻과 음을 갖고 있습니다.

056 나는 임대인일까, 임차인일까?

임대와 임차

임대(賃貸) 돈을 받고 자기의 물건을 남에게 빌려줌
임차(賃借) 돈을 내고 남의 물건을 빌려 씀

전세나 월세 계약을 한 아파트에 살고 있다면 아파트를 임대한 것일까요, 임차한 것일까요? 돈을 내고 빌려서 살고 있는 것이기 때문에 임차한 것이 됩니다. '임대'는 빌려주는 것, '임차'는 빌려 쓰는 것입니다.

나는 아파트를 임대했다. ⇒ 집주인의 입장
나는 아파트를 임차했다. ⇒ 세입자의 입장

'임대'는 돈을 받고 자신의 물건을 다른 사람에게 빌려주는 것입니다. 만약 내가 건물을 갖고 있고 이 건물을 필요한 사람에게

돈을 받고 빌려준다면 나는 건물을 '임대'한 '임대인'입니다. 그 대가로 받은 돈을 '임대료'라고 하죠.

반대로 내가 내 소유가 아닌 물건을 돈을 내고 빌려 쓰는 입장이라면 물건을 '임차'한 것이며 나는 '임차인'이 됩니다. 또한 내가 임대인에게 지불한 돈을 '임차료'라고 합니다.

빌려주는지 빌려 쓰는지에 따라 용어가 달라지니 꼭 알아 두세요. 참고로 임대차 계약서의 '임대차'는 '임대'와 임차'를 합친 말입니다.

> **암기꿀팁**
>
> 건물주로서 '임대인이 대(되)고 싶다'라고 기억하세요.

057 자료와 정보의 긴밀한 관계

자료와 정보

자료(資料) 연구나 조사 따위의 바탕이 되는 재료
정보(情報) 관찰이나 측정을 통하여 수집한 자료를 실제 문제에 도움이 될 수 있도록 정리한 지식 또는 그 자료

기밀을 다루는 정보 요원이 등장하는 영화들이 있습니다. 그런데 왜 이들을 '자료 요원'이라고 부르지 않고 '정보 요원'이라고 부를까요? 그 이유는 정보 요원이 수집하는 것은 '자료'가 아니라 '정보'에 가깝기 때문입니다.

자료 요원. X
정보 요원. O

마찬가지로 '정보화 사회', '정보 혁명'도 '자료화 사회', '자료 혁명'이라고 잘 쓰지 않죠.

'자료'는 연구나 조사의 바탕이 되는 재료를 말합니다. 우리는 무언가가 궁금할 때 관찰이나 측정을 통해 '자료'를 수집하는데요. 이 '자료'를 바탕으로 실제 문제에 도움이 될 수 있도록 정리한 것이 '정보'입니다. 즉, '자료'를 실제로 사용할 수 있도록 정리한 것이 바로 '정보'입니다.

예를 들어 매일 아침 우리에게 필요한 것은 '기상 정보'이지 '기상 자료'가 아닙니다. '기상 자료'는 날씨와 관련된 바탕이 되는 자료라는 의미이지만 '기상 정보'는 그중에서 당장 오늘 필요한 자료만 뽑아 정리한 것이기 때문이죠.

음식에 비유하면 '자료'는 '재료'이고 '정보'는 이를 바탕으로 만들어 낸 '요리'라고 할 수 있습니다.

058 유의해서 봐야 하는 경제 용어

자본과 자산

자본(資本) 장사나 사업 따위의 기본이 되는 돈
자산(資産) 개인이나 법인이 소유하고 있는 경제적 가치가 있는 유형·무형의 재산

10억 원으로 창업을 한다고 가정해 보겠습니다. 그중 3억 원만 내가 갖고 있던 돈이고 7억 원은 은행에서 대출을 받은 돈이라면 이 기업의 '자산'은 10억 원일까요, 3억 원일까요?

'자본'과 '자산'은 돈의 크기를 나타낼 때 쓰는데요. 먼저 사전적 정의를 바탕으로 살펴보면 '자본'은 장사나 사업을 할 때 기본이 되는 돈이고 '자산'은 개인이나 법인이 소유한 유·무형의 재산입니다. 만약 이 두 말이 경제 기사나 기업 공시 등 회계 자료에 나온다면 조금 더 유의해서 살펴봐야 합니다.

'자본'은 상품을 만드는 데 필요한 생산 수단이나 노동력을 통틀어 말하는데요. 주로 부채를 제외한 '순자산'을 가리킵니다. 반면에 '자산'은 '자본+부채'입니다. 즉, 내가 은행에서 빌린 돈도 '자산'에 포함되죠.

누적된 적자로 자본이 잠식됐다.
고의로 자산을 부풀리는 것은 분식 회계이다.

다시 돌아와 왼쪽 질문에 답을 하자면 이 기업의 '자본'은 3억 원이고 '자산'은 10억 원인 셈입니다. 차이가 크죠?

얼핏 비슷해 보이는 두 말은 회계적으로 의미가 다르기 때문에 기입 두사 시 유의해서 봐야 하는 지표 중 하나입니다.

059 축하를 표현할 때와 애도를 표현할 때

주기와 주년

주기(周忌) 사람이 죽은 뒤 그 날짜가 해마다 돌아오는 횟수를 나타내는 말
주년(周年) 일 년을 단위로 돌아오는 돌을 세는 단위

2024년은 우리나라가 일본으로부터 광복한 지 79년이 지난 해입니다. 그렇다면 2024년은 '광복 79주기'일까요, '광복 79주년'일까요? 이때는 '광복 79주기'라고 쓰면 의미가 어색해집니다.

광복 79주기. X
광복 79주년. O

'주년'은 1년을 단위로 돌아오는 해를 세는 말입니다. 예를 들어 어떤 사건이 발생하고 1년 뒤는 '1주년', 10년 뒤는 '10주년'이 되는 것이죠.

결혼 1주년.
설립 10주년.

'주기'는 사람이 죽은 뒤 그 날짜가 해마다 돌아오는 횟수를 나타내는 말입니다. 사람이 죽은 뒤 1년이 지나면 '1주기', 10년이 지나면 '10주기'인 것이죠. 이때의 '기'는 한자 '忌(꺼릴 기)'로, 제삿날을 의미하는 '기일'의 '기'와 같은 한자입니다.

따라서 '광복 79주기'라는 말은 어색합니다. 예를 하나 더 들자면 '베토벤 탄생 100주년'은 말이 되지만 '베토벤 탄생 100주기'는 어색한 표현입니다. 다만 '베토벤 100주기'라고 하는 것은 가능합니다. 베토벤이 서거한 뒤 100년이 지난 해라는 의미가 되니까요.

'주기'의 동음이의어 중에는 '주기(週期)'도 있습니다. "같은 현상이나 특징이 한 번 나타나고부터 다음번 되풀이되기까지의 기간"이라는 뜻으로, 다음과 같이 씁니다.

운동 주기.
주기가 단축되다.

060 올해 중순에 대박이 날 운세이다?

중반과
중순

> **중반(中盤)** 어떤 일이나 일정한 기간의 중간 단계
> **중순(中旬)** 한 달 가운데 11일에서 20일까지의 동안

신년 운세를 봤는데, '올해 중순에 대박이 날 운세이다'라고 한다면 언제 대박이 난다는 말일까요? 5~8월쯤? 아쉽지만 정확한 때를 잡기가 쉽지 않습니다. 왜냐하면 '올해 중순'이라고는 잘 안 하기 때문이죠.

올해 중반에 대박이 날 운세이다. O
올해 중순에 대박이 날 운세이다. X

'중순'은 한 달 가운데 11일에서 20일까지의 기간을 말합니다. '중순'의 '순'이 한자 '旬(열흘 순)'이기 때문이죠. '초순'은 한 달의

1일부터 10일, '중순'은 11일부터 20일, '하순'은 21일부터 말일까지의 기간을 가리킵니다. 월 단위로 쓰는 말이기 때문에 '달'과 어울려 쓰죠. '연' 또는 '주' 단위와 어울려 쓰면 어색한 표현이 됩니다.

10월 중순.

이달 중순.

'연' 또는 '주' 단위로 쓸 때 어울리는 말은 '중반'입니다. '중반'은 원래 경기에서 초반이 끝나고 본격적인 시기로 들어갔을 때를 의미하는데요. 일정한 기간 가운데 중간쯤 되는 단계를 말하기도 합니다. 따라서 '중반'은 다양한 기간과 어울려 쓸 수 있습니다. 물론 '달'과도 함께 쓸 수도 있어요.

경기 중반.

인생의 중반.

이번 주 중반.

다음 달 중반.

061　누가 돈을 빌린 사람일까?

채권과 채무

> 채권(債權) 특정인이 다른 특정인에게 어떤 행위를 청구할 수 있는 권리
> 채무(債務) 특정인이 다른 특정인에게 어떤 행위를 하여야 할 의무

채권자와 채무자, 많이 쓰는 말이지만 갑자기 헷갈릴 때가 있는데요. 돈과 관련된 말이니 정확하게 알아 두는 게 좋습니다.

'채권'은 어떤 사람이 다른 사람에게 어떤 행위를 청구할 수 있는 권리이고 '채무'는 어떤 사람이 다른 사람에게 어떤 행위를 해야 할 의무입니다. 즉, '채권'은 권리이고 '채무'는 의무인 것이죠. 그렇다면 '채권자'는 빚을 받아 낼 권리를 가진 사람, '채무자'는 빚을 갚아야 할 의무를 진 사람이라는 것을 쉽게 유추할 수 있습니다.

'채권'의 '권'은 '권리', '권한'에 들어 있는 한자 '權(권세 권)'이고 '채무'의 '무'는 '업무', '의무'에 들어 있는 한자 '務(힘쓸 무)'임을 기억하면 이해하기 쉬울 거예요.

'채권'은 동음이의어가 하나 있는데요. 국가, 지방 자치 단체, 은행, 회사 등이 사업에 필요한 자금을 차입하기 위해 발행하는 유가 증권(공채, 국채, 사채, 지방채 등)을 '채권'이라고 합니다. 다만 한자가 다른데, 권리로서의 '채권'의 한자 구성은 '債(빚 채)+權(권세 권)'이고 유가 증권으로서의 '채권'의 한자 구성은 '債(빚 채)+券(문서 권)'입니다.

채권자. ⇒ 債權
채권을 발행하다. ⇒ 債券

062 논리적 사고의 시작

충분조건과 필요조건

충분조건(充分條件) 어떤 명제가 성립하는 데 충분한 조건
필요조건(必要條件) 어떤 명제가 성립하는 데 필요한 조건

'충분조건'과 '필요조건'은 수학과 논리학에서 쓰는 말인데요. 내 생각을 표현하기 위해 일상적으로도 쓰므로 정확한 뜻을 알아 두는 게 좋습니다.

두 조건을 이해하기 위해서는 먼저 '명제'가 무엇인지를 알아야 합니다. 명제는 쉽게 말해 참과 거짓을 판단할 수 있는 문장인데요. 주로 'A이면 B이다'의 형식으로 씁니다. 이 명제가 성립할 때 A는 B이기 위한 '충분조건', B는 A이기 위한 '필요조건'이 됩니다.

명제: 토끼이면 동물이다. (참)
토끼는 동물이기 위한 **충분조건**이다.
동물은 토끼이기 위한 **필요조건**이다.

조금 더 자세히 설명하면 '충분조건'은 어떤 명제가 성립하는 데 충분한 조건으로, A일 때마다 항상 B라는 말입니다. 토끼는 항상 동물이죠. 따라서 토끼는 동물이 되기 위한 '충분조건'입니다.

'필요조건'은 어떤 명제가 성립하는 데 필요한 조건으로, B가 발생하지 않고는 A가 발생하지 않음을 말합니다. 만약 어떤 것이 동물이 아니라면 그것은 토끼일 리가 없죠. 즉, 토끼가 되기 위해서는 동물이라는 조건이 필요하기 때문에 동물은 토끼가 되기 위한 '필요조건'입니다.

글에서는 흔히 'A는 B를 위한 필요조건이지 충분조건은 아니다' 같이 쓰곤 하는데요. 이 문장은 B가 되기 위해서는 A가 필요하지만 A라고 해서 반드시 B라고 할 수는 없다는 의미입니다.
노력은 성공을 위한 필요조건이지 충분조건은 아니다. ⇒ 성공하기 위해서는 노력이 필요하지만 노력만 한다고 성공하는 것은 아님
풍부한 어휘력은 글을 잘 쓰기 위한 필요조건이지 충분조건은 아니다. ⇒ 글을 잘 쓰려면 풍부한 어휘력이 필요하지만 어휘력만 좋다고 해서 항상 글을 잘 쓰는 것은 아님

063 기사에서 자주 보는 그 기호

퍼센트와
퍼센트포인트

| 퍼센트 | 백분율을 나타내는 단위 |
| 퍼센트포인트 | 백분율로 나타낸 수치가 이전 수치에 비해 증가하거나 감소한 양 |

뉴스에서 금리, 지지율, 경제 성장률 등의 지표에 관해 설명할 때 '퍼센트'와 '퍼센트포인트'를 많이 봤을 거예요. 둘 다 어떤 지표가 증감한 정도를 보여 주는 용도로 쓰지만 의미가 다르므로 유의해서 봐야 합니다.

'퍼센트'는 백분율을 나타내는 단위로, 기호는 '%'입니다. '몇 퍼센트 증가/감소했다'라고 하면 현재 수치가 이전 수치보다 증감한 정도를 백분율로 나타낸 것이죠. 그리고 '퍼센트포인트'는 백분율로 나타낸 수치가 이전 수치에 비해 증감한 양을 말하며 기호는 '%p'입니다. 쉽게 말해 '현재 퍼센트'에서 '기존 퍼센트'를 뺀 것이죠. 둘의 차이를 알겠나요? 예를 들어 작년 예금 금리가 1%였는데, 올해는 2%가 됐다고 가정해 보겠습니다. '퍼센트'로 말하면 100%가 증가한 것이고 '퍼센트포인트'로 말하면 1%p가 증가한 것입니다. 실제로 금리가 오른 정도는 같지만 100% 증가한 것과 1%p 증가한 것은 차이가 커 보이죠.

선거 후보 A와 B의 지지율 예시를 통해 두 말의 차이를 한 번 더 살펴볼게요. '퍼센트'를 사용해 증감률을 보면 A 후보는 100%, B 후보는 300%가 늘었기 때문에 B 후보의 증가 폭이 커 보입니다. 반면에 '퍼센트포인트'를 사용해 지지율의 증감만 보면 A 후보가 B 후보보다 더 크게 늘었습니다.

구분	1월	2월	증감률	증감
A 후보	30%	60%	100%	30%p
B 후보	5%	20%	300%	15%p

이렇다 보니 '퍼센트'를 쓰는지, '퍼센트포인트'를 쓰는지에 따라 일종의 착시를 일으키기도 하는데요. 차이를 크거나 작게 보이고 싶을 때 일부러 과장하거나 축소할 수 있는 것이죠. 증감 자체만 중요하다면 숫자가 양인지 음인지만 보면 되지만 늘어난 폭이 중요하다면 '퍼센트'인지 '퍼센트포인트'인지를 알아야 착시에 속지 않을 수 있습니다.

064 누가 피해를 당한 사람일까?

피의자와
피해자

피의자(被疑者) 범죄의 혐의가 있어서 정식으로 입건되었으나 아직 공소 제기가 되지 아니한 사람

피해자(被害者) 자신의 생명이나 신체, 재산, 명예 따위에 침해 또는 위협을 받은 사람

신문의 사회면 기사에는 '피의자'와 '피해자'라는 말이 참 많이 나옵니다. 둘 중 누가 피해를 당한 사람일까요?

'피의자'는 범죄의 혐의가 있어 정식으로 입건된 사람입니다. 한자 구성을 살펴보면 '被(입을 피)+疑(의심할 의)+者(놈 자)'로, 의심을 받고 있는 사람이라는 의미이죠.

피의자가 검거됐다.
피의자 신문.

'피해자'는 생명이나 재산 등에 피해를 당한 사람입니다. 한자 구성을 살펴보면 '被(입을 피)+害(해로울 해)+者(놈 자)'로, 말 그대로 피해를 입은 사람이라는 의미입니다.

전세 사기 피해자 모임.

피해자를 보호하다.

비슷한 말로는 '가해자'와 '용의자'가 있는데요. '가해자'는 "다른 사람의 생명이나 신체, 재산, 명예 따위에 해를 끼친 사람", '용의자'는 "범죄의 혐의가 뚜렷하지 않아 정식으로 입건되지는 않았으나 내부적으로 조사의 대상이 된 사람"이라는 뜻입니다.

065 헷갈리면 안 되는 우리말 상식

한국어와
한글

한국어(韓國語) 한국인이 사용하는 언어
한글 우리나라 고유의 글자

세종 대왕이 만든 것은 '한국어'일까요, '한글'일까요? 많은 사람이 혼용하지만 정답은 단 하나, '한글'입니다. '한국어'는 세종 대왕이 태어나기 전부터 존재했습니다.

세종 대왕이 만든 것은 '한국어'를 표기할 수 있는 '한글'입니다. 간혹 '나는 한글을 잘해'라고 하는 경우가 있는데, '한글'을 떼는 유아가 아니라면 조금 어색한 표현입니다.

'한국어'와 '한글', 얼핏 보면 비슷해 보이지만 분명 다른 말입니다. '한국어'는 한국인이 쓰는 언어를 이르는 말이고 '한글'은 '한국어'를 표기하기 위해 쓰는 문자입니다. 즉, '한국어'는 언어, '한글'은 문자인 것이죠. 영어에 비유하면 '한국어'는 영어, '한글'은 알파벳인 셈입니다. 세종 대왕이 만든 것은 '한국어'라는 언어가 아니라 '한글'이라는 문자입니다. '나는 알파벳을 잘해'라고 하는 사람이 없는 것처럼 '나는 한글을 잘해'는 어색한 표현입니다.

066 백신을 맞으면 몸에 형성되는 것은?

항원과
항체

항원(抗原) 생체 속에 침입하여 항체를 형성하게 하는 단백성 물질
항체(抗體) 항원의 자극에 의하여 생체 내에 만들어져 특이하게 항원과 결합하는 단백질

코로나19가 한창 유행이던 시절에 '항원'과 '항체'라는 말이 뉴스에 많이 나왔었습니다. 신속 항원 진단 키트로 검사도 했고 감염을 막기 위해 백신도 맞았죠. 그렇다면 백신을 맞으면 우리 몸에 생기는 것은 '항원'일까요, '항체'일까요?

'항원'은 우리 몸에 들어와 '항체'를 형성하게 만드는 물질입니다. 주로 세균이나 바이러스, 독소 등을 말하죠.
항원에 반응하다.
항원을 찾아 제거하다.

그리고 '항원'이 우리 몸에 들어왔을 때 생성되는 것이 '항체'입니다. 백신을 맞으면 생기는 것이 바로 '항체'이죠. '항체'는 '항원'에 대항하는 반응으로 우리 몸을 보호하기 위해 만들어지는데요. '항원'을 방어하기 위한 물질입니다. 이때 몸 안에 어떤 '항원'에 대한 '항체'가 이미 있다면 동일한 '항원'이 다시 들어와도 힘을 쓰지 못한다는 특징이 있습니다.

<u>항체</u>가 없으니 조심해야 한다.
<u>항체</u>가 형성되다.

백신은 이런 특징을 이용해 우리 몸에 인공적으로 면역을 주기 위해 투입하는 '항원'을 말합니다. 주로 독소나 균을 약하게 만들어 주사약으로 투여하는데, '항원'에 감염되기 전에 체내에 '항체'를 미리 만드는 원리입니다. 향후 감염이 되더라도 이미 '항체'가 있기 때문에 '항원'이 몸에서 작용하지 못하는 것이죠.

복습 문제 / 조금 더 적절한 말을 고르세요

034 임금안이 **(가결됨에/부결됨에)** 따라 노조의 파업이 시작됐다.

035 경쟁사에서 지금 이 회의를 **(감청하고/도청하고)** 있을지도 몰라.

036 한 유튜버는 자신의 영상에 악플을 다는 사람들을 **(고발하기로/고소하기로)** 결심했다.

037 수사를 촉구하기 위해 경찰서에 **(고소장을/소장을)** 제출했다.

038 윤동주 시인의 생애를 10년 단위로 하여 **(공시적으로/통시적으로)** 살펴봤다.

039 아직 판결이 나지 않아서 **(교도소로/구치소로)** 옮겨 가지 않았다.

040 과거에 발생한 여러 사건들을 통해 결과를 **(귀납적으로/연역적으로)** 추론해 보세요.

041 지위를 **(남용한/오용한)** 범죄가 늘고 있다.

042 두 국가의 갈등이 무력을 사용하는 **(냉전으로/열전으로)** 번지기 시작했다.

043 말린 명태를 쓰면 **(북어탕이/생태탕이)** 아니야.

044 단순히 많이 파는 것보다 **(매출을/이익을)** 많이 남기는 것이 중요하다.

045 **(무농약/유기농)** 인증을 받기 위해 화학 비료를 안 썼어요.

046 국민참여재판은 국민이 **(민사/형사)** 재판에 참여하는 제도이다.

047 페니실린은 최초의 항생제로, **(바이러스에/세균에)** 의한 감염을 치료한다.

048 고려는 세계 최초로 금속 활자를 **(발견했다/발명했다)**.

049 실시간으로 전화 회의 내용을 **(번역/통역)** 좀 해 주세요.

050 우리 동네에서 가장 큰 (**병원에는/의원에는**) 병상이 50개가 있다.

051 걔 결혼식에 (**부의금/부조금**) 얼마나 할 거야?

052 우리 회사는 양질의 (**상품을/제품을**) 만들어 유통사에 공급합니다.

053 (**원고는/피고는**) 소를 제기한 사람이다.

054 자연수는 1 (**이상의/초과의**) 수를 말한다.

055 (**일절의/일체의**) 책임을 지다.

056 빌리는 쪽이 내는 것은 (**임대료이다/임차료이다**).

057 (**자료를/정보를**) 가공한 것이 (**자료이다/정보이다**).

058 그는 (**자본은/자산은**) 많지만 그중 대부분이 부채였다.

059 한글 창제 (**600주기/600주년**) 축하 행사.

060 출산 예정일은 올해 (**중반이에요/중순이에요**).

061 (**채권자가/채무자가**) 요즘 연락이 안 되네. 내 돈 돌려받을 수 있겠지?

062 초등학생은 학생이 되기 위한 (**충분조건이다/필요조건이다**).

063 10%에서 20%가 된 것은 (**10%/10%p**) 증가한 것이다.

064 (**피의자는/피해자는**) 자신의 결백을 주장했다.

065 케이팝 가사의 뜻을 이해하기 위해 (**한국어를/한글을**) 배우는 외국인이 늘고 있다.

066 B형 간염 예방 접종을 하면 몸에 (**항원이/항체가**) 생성된다.

쉬어가기 어휘의 의미는 변하기도 해요

어휘의 의미는 절대 안 바뀔까요? 그렇지 않습니다. 어휘는 마치 생명체와 같아 시간이 지나면서 의미가 바뀌기도 합니다. 바뀌는 유형을 나눠 보면 의미의 확장과 축소, 그리고 이동이 있는데요. 지금은 사전에 풀이돼 있지 않은 어휘의 의미일지라도 사람들이 많이 쓰고 그것이 널리 받아들여진다면 사전의 뜻도 바뀔 수 있습니다. 실제로 〈표준국어대사전〉에 올라온 어휘들의 뜻도 계속 바뀌는 중입니다. '국립국어원 표준국어대사전(stdict. korean.go.kr)' 사이트에는 〈표준국어대사전〉 정보 중 수정된 것들이 분기별로 공지되고 있어요. 여기서는 우리가 자주 쓰는 어휘 중 역사적으로 의미가 바뀐 대표적인 것들을 살펴보겠습니다.

놈 사람 → 남자를 낮잡아 이르는 말
떳떳하다 늘 그러하다, 변함없이 같다 → 굽힐 것이 없이 당당하다
마누라 남녀 모두에게 사용되는 존칭 → 자신의 부인이나 중년 여성을 낮춰 부르는 말
별로 긍정, 부정의 말과 함께 사용 → 부정의 말과 함께 사용
빚 값, 부채 → 부채

사랑하다 생각하다, 사랑하다 → 사랑하다

세수 손만 씻는 것 → 손이나 얼굴을 씻는 것

싸다 그 값에 해당하다, 그 정도의 값어치가 있다 → 비용이 보통보다 낮다

씩씩하다 엄숙하다, 장엄하다 → 굳세고 위엄스럽다

어리다 어리석다 → 나이가 적다

어여쁘다 불쌍하다 → 예쁘다

엉터리 대강의 윤곽 → 터무니없는 말이나 행동

영감 벼슬아치를 이르는 말 → 나이가 많아 중년이 지난 남자

주책 일정하게 자리 잡힌 주장이나 판단력 → 일정한 줏대가 없이 되는대로 하는 짓

지갑 종이로 만든 상자 → 가죽, 헝겊 등의 다양한 재질로 만든 돈을 넣는 물건

어휘를 섬세하게 쓰는 것은 교양의 척도입니다.

젤라토와 아이스크림

대학생 때 이탈리아로 여행을 간 적이 있습니다. 지금은 우리나라 사람들에게 젤라토가 익숙하지만 그때는 그렇지 않았습니다. 이탈리아에 가면 이름도 생소한 젤라토를 꼭 먹어야 한대서 맛집을 찾아갔죠. 그런데 웬걸, 저는 보자마자 실망하고 말았습니다. 제 눈에는 그냥 아이스크림이었거든요. 찾아보니 아이스크림에 비해 밀도가 더 높고 향미가 강렬한 이탈리아식 아이스크림을 젤라토라고 하더라고요. 아이스크림을 좋아하는 미식가에게는 젤라토와 아이스크림은 분명 다른 음식이었을 것입니다. 둘을 같은 거라고 대충 생각하는 저와 둘을 섬세하게 구별하는 미식가가 그것을 즐기는 깊이에는 분명 차이가 있겠죠. 물론 무엇이라 말해도 소통에는 큰 지장이 없겠지만 얼마나 섬세하고 구체적인 어휘로 세상을 인식하느냐는 곧 내 시야의 범위와 교양 수준을 드러냅니다. 즉, 언어로 나의 표현을 정교화하는 만큼 시야가 넓어지고 느낄 수 있는 바가 커지는 것이죠. 4장에 나오는 어휘들은 뜻이 비슷해 대부분의 상황에서 혼용해도 큰 문제가 없지만 미세한 차이가 존재합니다. 그래서 어휘의 뜻을 정확하게 알고 얼마나 섬세하게 잘 구별해 쓰느냐가 말맛을 살려 말하는 사람과 그렇지 못한 사람을 나누는 기준이 되기도 합니다. 교양 있게 말하는 사람들의 한 끗 차이 어휘 디테일이 궁금하다면 4장을 잘 읽어 보길 바랍니다.

교양의 영역:
섬세하게 표현하기

067 '가관이네'와 '장관이네' 중 뭐가 욕일까?

가관과 장관

가관(可觀) 경치 따위가 꽤 볼만함
장관(壯觀) 훌륭하고 장대한 광경

'가관'과 '장관' 중 어느 것이 부정적인 말일까요? '가관'이라고요? 사전에 따르면 둘 다 긍정적인 뜻을 갖고 있습니다.

'가관'은 경치가 꽤 볼만하다는 말로, 멋진 풍경을 보고 '가관이다'라고 말하면 칭찬입니다. '장관' 역시 훌륭하고 장대한 광경을 말하는데요. 모양이 대단하다는 긍정적인 말입니다. 즉, '가관'과 '장관' 모두 긍정적으로 쓸 수 있습니다.

단풍이 참 가관이다.
그 폭포는 정말 장관이다.

재미있는 사실은 둘 다 부정적인 맥락에 쓰기도 한다는 것입니다. '가관'은 꼴이 볼만하다는 말로, 남의 언행이나 어떤 상태를 비웃을 때 쓰는데요. 마찬가지로 '장관'도 크게 구경거리가 될 만하다거나 매우 꼴 보기 좋다는 말로, 남의 행동이나 어떤 상태를 비웃을 때 씁니다. 다음의 두 예문은 비웃는 의미로 쓰인 예입니다.

잘난 체하더니 가관이다.
술 취한 모습이 가관이다 못해 장관이다.

'가관'과 '장관'은 둘 다 긍정적, 부정적 뜻을 동시에 갖고 있으니 맥락에 따라 의미를 잘 파악하는 것이 중요합니다.

068 이제 헷갈리지 마세요

가늘다와 얇다 /
굵다와 두껍다

| 가늘다 | 물체의 지름이 보통의 경우에 미치지 못하고 짧다
| 얇다 | 두께가 두껍지 아니하다
| 굵다 | 물체의 지름이 보통의 경우를 넘어 길다
| 두껍다 | 두께가 보통의 정도보다 크다

다리가 두꺼워서 고민인가요? 그 고민은 할 필요가 없습니다. 다리가 굵을 수는 있어도 두꺼울 수는 없기 때문이죠. 다리는 두꺼운 것이 아니라 굵은 것입니다. '굵다'는 다리, 팔뚝, 손가락, 나뭇가지처럼 지름을 가진 물체를 묘사할 때 씁니다. 반면에 '두껍다'는 책, 종이, 판자, 옷처럼 면적을 갖고 있어 두께를 가늠할 수 있는 대상을 묘사할 때 쓰죠. 굵은 것을 가리켜 두껍다고 하는 경우가 있는데, 정확하게 말하면 차이가 있습니다.

'가늘다'와 '얇다'도 마찬가지입니다. '가늘다'는 '굵다'와 한 쌍으로, 지름을 가진 물체를 묘사할 때 씁니다. 반면에 '얇다'는 '두껍다'와 한 쌍으로, 두께를 가진 물체를 묘사할 때 쓰죠. 그러니까 마찬가지로 다리는 '얇다'라고 하지 않고 '가늘다'라고 하는 것이 적절합니다.

정리하면 굵기를 나타낼 때는 '가늘다'와 '굵다'를, 두께를 나타낼 때는 '얇다'와 '두껍다'를 씁니다.

다리가 가늘다/굵다. O
다리가 얇다/두껍다. X

옷이 가늘다/굵다. X
옷이 얇다/두껍다. O

암기 꿀팁

책을 생각해 보세요. '얇은 책', '두꺼운 책'은 자연스럽지만 '가는 책', '굵은 책'은 어색하죠. 책은 원의 형태가 아니라 두께를 가진 물체라는 것을 떠올리면 '얇다'와 '두껍다'는 두께를 표현할 때 쓰는 말임을 기억하기 쉬울 거예요.

069 뭐가 더 공손한 말일까?

감사하다와 고맙다

감사(感謝)하다 고맙게 여기다
고맙다 남이 베풀어 준 호의나 도움 따위에 대하여 마음이 흐뭇하고 즐겁다

'감사하다'와 '고맙다'는 둘 다 다른 사람의 도움에 대해 즐거움을 표현하기 위해 쓰는 대표적인 말입니다. 일상에서 많이 써서 그런지 유독 두 말의 쓰임에 대한 의견이 분분한데요. 누구는 '감사하다'는 쓰면 안 된다고 하고 누구는 '고맙다'는 쓰면 안 된다고 하지만 둘 다 쓸 수 있는 말입니다. 그럼에도 불구하고 굳이 따지자면 두 말에는 2가지 차이가 있습니다.

첫째, '감사하다'는 한자어이고 '고맙다'는 고유어입니다. 그래서 어떤 사람은 고유어를 쓰는 것이 좋으니 '고맙다'를 써야 한

다고 주장하고, 어떤 사람은 한자어가 격식 있는 표현이니 '감사하다'를 써야 한다고 주장하는데요. 하지만 둘 중 하나로 통일해 써야 하는 것은 아니며 둘 다 윗사람에게 쓸 수 있습니다.

스승의 은혜에 항상 <u>감사합니다</u>.

후원해 주셔서 <u>고맙습니다</u>.

둘째, '감사하다'는 동사(사물의 동작이나 작용을 나타내는 품사)이기도 하고 형용사(사물의 성질이나 상태를 나타내는 품사)이기도 하지만 '고맙다'는 형용사입니다. 즉, '감사하다'는 행동을 나타내기도, 상태를 나타내기도 하지만 '고맙다'는 상태를 나타냅니다. '감사하다'가 동사로 쓰일 때는 "고맙게 여기다"라는 뜻으로 행동의 측면이 강조되고 형용사로 쓰일 때는 "고마운 마음이 있다"라는 뜻으로 상태의 측면이 강조되죠.

070 '자기 개발'과 '자기 계발'은 다르다?

개발과
계발

개발(開發) 토지나 천연자원 따위를 유용하게 만듦
계발(啓發) 슬기나 재능, 사상 따위를 일깨워 줌

'자기 개발'이 맞을까요, '자기 계발'이 맞을까요? 정답은 둘 다 맞습니다. '개발'과 '계발'의 기본 뜻은 서로 다르지만 맥락에 따라 둘 다 쓸 수 있기도 합니다.

자기 개발. O
자기 계발. O

우선 '개발'의 가장 기본적인 의미는 토지나 천연자원 등을 유용하게 만든다는 것입니다.

개발 제한 구역.

천연가스 개발.

또한 산업이나 경제 등을 발전하게 하거나 지식이나 재능 등을 발달하게 할 때도 '개발'을 쓰죠.
경제 개발 계획.
능력을 개발하다.

새로운 물건을 만들거나 새로운 생각을 내놓을 때도 씁니다.
신기술 개발.

반면에 '계발'은 슬기나 재능, 사상 등을 일깨워 준다는 말입니다. '개발'이 주로 토지나 자원 같은 물질적인 것과 함께 쓴다면 '계발'은 주로 정신적인 것과 함께 쓰죠.
지능 계발 프로그램.
창의성을 계발하다.

그런데 '자기 개발'과 '자기 계발'은 둘 다 쓸 수 있는 말입니다. '자기 개발'은 자신의 기술이나 능력을 발전시키는 일, '자기 계발'은 잠재하는 자신의 슬기나 재능, 사상 등을 일깨우는 일입니다.

071 오늘 점심 뭐 먹을까요?

국 / 전골 / 찌개 / 탕

| 국 | 고기, 생선, 채소 따위에 물을 많이 붓고 간을 맞추어 끓인 음식
| 전골 | 잘게 썬 고기에 양념, 채소, 버섯, 해물 따위를 섞어 전골틀에 담고 국물을 조금 부어 끓인 음식
| 찌개 | 뚝배기나 작은 냄비에 국물을 바특하게 잡아 고기·채소·두부 따위를 넣고 간장·된장·고추장·젓국 따위를 쳐서 갖은양념을 하여 끓인 반찬
| 탕(湯) | '국'의 뜻을 더하는 접미사

김칫국, 김치전골, 김치찌개, 모두 김치를 이용해 만든 요리들입니다. 각각의 차이는 무엇일까요? 한국인이라면 머릿속으로 자연스레 그려지는 그림은 다를 텐데, 말로 설명하기가 어렵습니다. 이어서 나오는 설명과 예문들을 보면서 실제 그 음식을 떠올려 보세요. 이해하기가 조금 더 쉬울 거예요.

'국'의 핵심은 물을 많이 붓는다는 것입니다.
된장국.
북엇국.

순댓국.

비슷한 말로는 '탕'이 있는데요. '탕'은 흔히 '국'에 비해 오래 끓여 진하게 국물을 우려낸 것을 이릅니다.
갈비탕.
곰탕.
설렁탕.

'찌개'는 주로 뚝배기나 작은 냄비에 하는 요리로, 국물이 '국'에 비해 적다는 특징이 있습니다. 간장, 된장, 고추장 등으로 갖은 양념을 한다는 것도 특징이죠.
된장찌개.
두부찌개.
부대찌개.

'전골'은 전골틀에 담아 국물을 조금만 부어 끓인 것입니다. 잘게 썬 고기에 양념, 채소, 버섯, 해물 등을 섞어 먹죠.
두부전골.
만두전골.
버섯전골.

참고로 음식 어휘 중 흔히 헷갈리는 것으로 '백숙'과 '삼계탕'도 있습니다. '백숙'은 고기나 생선 등을 양념하지 않고 맹물에 푹

삶아 익히는 조리법 또는 그런 음식을 말합니다. 따라서 '백숙'은 꼭 닭이 아니어도 '백숙'일 수 있죠. 반면에 '삼계탕'은 어린 햇닭으로 만든 보양 음식입니다.

닭을 백숙해 먹다.

오리백숙.

072 군에 사는 사람은 시민이 아닐까?

국민 / 시민 / 주민

국민(國民) 국가를 구성하는 사람 또는 그 나라의 국적을 가진 사람
시민(市民) 시(市)에 사는 사람
주민(住民) 일정한 지역에 살고 있는 사람

'대한민국 국민 여러분'이라고 하면 누구를 말할까요? 우리나라 사람들이죠. '국민'은 국가를 구성하는 사람이나 그 나라의 국적을 가진 사람입니다. 그렇다면 '주민 여러분'은 누구를 말할까요? 어떤 지역에 살고 있는 사람입니다.

'시민 여러분'은 어떤가요? 시 단위에 사는 사람을 말하니 군 단위에 사는 사람은 제외되는 걸까요? 맥락에 따라 제외될 수도 있고 포함될 수도 있습니다. '시민'은 "시에 사는 사람" 외에 하나의 뜻을 더 갖고 있기 때문이죠. 바로 "국가 사회의 일원으로

서 그 나라 헌법에 의한 모든 권리와 의무를 가지는 자유민"이라는 뜻입니다. 그래서 군 단위에 살고 있어도 '시민'인 것이죠. '시민 사회', '시민 의식', '시민 혁명' 같은 말들이 군에 사는 '군민'을 제외하지 않는 이유입니다.

073 어느 것이 고향으로 가는 길일까?

귀경길과
귀향길

| 귀경(歸京)길 | 서울로 돌아가거나 돌아오는 길 |
| 귀향(歸鄕)길 | 고향으로 돌아가거나 돌아오는 길 |

명절에는 하루 종일 뉴스에서 도로 교통 상황을 알려 주죠. 그만큼 '귀경길'과 '귀향길' 상황은 정말 중요한 정보인데요. 그런데 눈치챘나요? 연휴가 시작될 때는 '귀향길'이라는 말이 많이 들리고 끝날 때는 '귀경길'이라는 말이 많이 들렸을 거예요.

'귀향길'은 고향으로 돌아가거나 돌아오는 길을 말합니다. 비슷한 말로는 '귀성길'이 있는데요. '귀향길'과 '귀성길'의 한자 '歸(돌아올 귀)'는 집에 돌아간다는 의미의 '귀가하다'의 '귀'와 같습니다. 따라서 '귀향하다', '귀성하다'는 고향으로 가는 것을 말합니다.

반면에 '귀경길'은 서울로 돌아가거나 돌아오는 길을 말합니다. 이때 '경'은 한자 '京(서울 경)'으로, '귀경길'은 서울(京)로 돌아간다(歸)는 의미입니다.

참고로 명절 때 서울을 찾았다가 지방으로 돌아가는 길은 '역귀성길'이라고 합니다.

074 '향기로운 냄새'는 틀린 말일까?

냄새 / 내음 / 향기

- 냄새 : 코로 맡을 수 있는 온갖 기운
- 내음 : 코로 맡을 수 있는 나쁘지 않거나 향기로운 기운
- 향기(香氣) : 꽃, 향, 향수 따위에서 나는 좋은 냄새

'냄새'는 코로 맡을 수 있는 모든 기운을 일컫는 포괄적인 말입니다. 좋은 냄새, 싫은 냄새 모두 '냄새'라고 표현할 수 있죠.

고약한 냄새.

기름 냄새.

달콤한 냄새.

'향기'는 '냄새' 중에서도 꽃이나 향, 향수에서 나는 좋은 냄새를 말합니다. 그리고 '향기'와 비슷한 단어로는 '내음'이 있는데요. '내음'은 코로 맡을 수 있는 나쁘지 않거나 향기로운 기운을 말

하며 주로 문학적인 표현에 씁니다.

꽃향기.

풀 향기.

꽃 내음.

풀 내음.

원래 '내음'은 '냄새'의 비표준어였는데요. 2011년 '내음'은 '냄새'와 뜻이 다른 별도의 표준어로 인정받게 됐습니다. 두 말은 뜻이 다르다고 보고 '내음'을 별도의 어휘로 사전에 등재한 것이죠.

그렇다면 '향기로운 냄새'는 틀린 말일까요? '냄새'는 좋은 냄새든 싫은 냄새든 함께 쓸 수 있기 때문에 '향기로운 냄새'라고 하는 것도 가능합니다. 이때는 "향기가 있다"라는 뜻의 '향기롭다'가 활용해 뒤에 있는 '냄새'를 꾸며 주는 구조로, '향기가 있는 냄새'라는 의미가 됩니다.

향기로운 냄새. O

참고로 '나래'와 '날개'도 둘 다 표준어입니다. '나래'도 '내음'처럼 흔히 문학 작품에서 '날개'를 이르는 말로서 조금 더 부드러운 어감을 줍니다.

075   서로 바꿔 쓸 수 있을까?

능률과
효율

능률(能率)   일정한 시간에 할 수 있는 일의 비율
효율(效率)   들인 노력과 얻은 결과의 비율

'능률'과 '효율'은 모두 어떤 것의 생산성을 나타낼 때 쓰죠. 하지만 미세한 차이가 있습니다.

'능률'은 일정한 시간에 할 수 있는 일의 비율로, '시간'과 관련 있는 표현입니다. 정해진 시간 안에 많은 일을 한다면 '능률이 높은 것'이고 그렇지 않다면 '능률이 낮은 것'이죠. '능률적으로 공부하자'라고 하면 정해진 시간 안에 공부를 많이 하자는 의미가 됩니다.

능률이 높다/낮다.

능률이 오르다/떨어지다.
능률이 좋다/나쁘다.

'효율'은 들인 노력과 얻은 결과의 비율을 말합니다. 즉, 노력에 비해 결과가 좋다면 '효율이 높은 것'이고 그렇지 않으면 '효율이 낮은 것'입니다. '효율적으로 공부하자'라고 하면 노력을 적게 하고 좋은 결과를 얻자는 의미가 됩니다.
효율이 높다/낮다.
효율이 오르다/떨어지다.
효율이 좋다/나쁘다.

참고로 '비능률적'이라고 하면 일의 차례나 방법이 잘 조직돼 있지 않아 일의 진척이 느리거나 장애를 주는 요소가 있는 것을 말하고, '비효율적'이라고 하면 들인 노력에 비해 얻는 결과가 만족스럽지 못한 것을 말합니다.

076 '누구 씨'라고 하면 반말이다?

님과
씨

님 그 사람을 높여 이르는 말
씨(氏) 그 사람을 높이거나 대접하여 부르거나 이르는 말

회사에서 한참 후배가 나를 '누구 씨'라고 부른다면 기분이 어떨까요? 상관없다는 사람도 있을 것이고 이상하게 기분이 나쁘다는 사람도 있을 것입니다. '씨'는 묘하게 반말로 들리는 말인데요. 사실 '씨'도 사람을 높이거나 대접해 부르는 말입니다. '님'과 차이가 있다면 '씨'는 공식적, 사무적인 자리나 다수의 독자를 대상으로 하는 글에서가 아닌 한, 윗사람에게 쓰기 어려운 말로서 대체로 동료나 아랫사람에게 쓰죠. 따라서 윗사람에게는 '씨' 보다 높임을 나타내는 '님'을 쓰는 것이 불필요한 오해를 막을 수 있겠습니다.

요즘 여러 회사가 직원들 간 호칭을 직급이 아닌 '님'으로 통일하고 있는데요. 서로를 존중하는 수평적인 문화를 만들자는 취지입니다. 호칭은 집단의 문화나 상황에 따라 다르게 결정되기 때문에 일률적으로 정할 수는 없지만 최근 사회 전반적으로 서로를 존중하는 문화로 바뀌고 있죠. '님'과 '씨'를 쓸 때는 이 점을 참고해 나의 의도에 맞게 사용하는 게 좋겠죠?

077 역시 전문가는 틀리네?

다르다와
틀리다

다르다 비교가 되는 두 대상이 서로 같지 아니하다
틀리다 셈이나 사실 따위가 그르게 되거나 어긋나다

만약 누군가가 '역시 전문가라 틀리네'라고 말했다면 이 말은 무슨 의미일까요? 전문가라서 솜씨가 좋다는 칭찬 같나요? 하지만 이 말은 칭찬이 아닙니다. 전문가라서 답을 틀렸다는 의미의 어색한 표현입니다. 칭찬을 하고 싶다면 '역시 전문가라 다르네'라고 해야 합니다.

역시 전문가라 다르네. O
역시 전문가라 틀리네. X

종종 '다르다'를 '틀리다'로 잘못 말하는 사람들이 있습니다. '나

와 너는 틀려', '내 생각은 틀려'처럼요. 하지만 비교가 되는 두 대상이 서로 같지 않다는 것을 말할 때는 '다르다'를 써야 합니다. '다르다'에는 옳고 그름의 의미가 없습니다.

'틀리다'에는 셈이나 사실이 잘못됐다는 의미가 들어 있습니다. 단순히 비교를 하는 것이 아니라 가치 평가가 들어간 것이죠. 따라서 '나와 너는 틀려'라고 하면 나와 네가 함께 답을 틀림을, '내 생각은 틀려'라고 하면 내 생각이 옳지 않음을 의미합니다.

따라서 '다르다'와 '틀리다'를 정확하게 구별해 쓰는 것이 중요합니다.

나와 너는 다르다. ⇒ 나와 너는 같지 않음
나와 너는 틀리다. ⇒ 나와 너 둘 다 답을 틀림

내 생각은 다르다. ⇒ 내 생각은 상대방과 같지 않음
내 생각은 틀리다. ⇒ 내 생각은 옳지 않음

078 말고 보면 당황스러워요

당황하다와 황당하다

| 당황(唐慌)하다 | 놀라거나 다급하여 어찌할 바를 모르다 |
| 황당(荒唐)하다 | 말이나 행동 따위가 참되지 않고 터무니없다 |

'정말 당황하다'와 '정말 황당하다'는 어떤 차이가 있을까요? 두 글자의 순서만 바꾸면 같은 어휘가 되는 두 말은 비슷한 맥락에서 혼용하곤 하는데요. 둘은 품사도 다르고 뜻도 다릅니다.

'당황하다'는 놀라거나 다급해 어쩔 줄을 모른다는 의미로, 핵심은 놀라거나 다급하다는 것입니다. 또힌 이 말은 농작이나 작용을 나타내는 동사예요. 만약 '당황하다'를 형용사처럼 쓰고 싶다면 그런 성질이 있다는 의미를 더하는 '스럽다'를 넣어 '당황스럽다'라고 할 수 있습니다.

당황해서 실수를 했다. ⇒ 동사
예상치 못한 선물에 **당황했다.** ⇒ 동사
갑자기 나타나다니 **당황스럽다.** ⇒ 형용사

'황당하다'는 말이나 행동 등이 진실하고 올바르지 않고 터무니없다는 의미로, 성질이나 상태를 나타내는 형용사입니다. 말과 행동이 거짓되고 허황될 때 쓰는 말이죠.
그의 말은 **황당하기** 짝이 없다. ⇒ 형용사
황당한 이야기를 하다. ⇒ 형용사

따라서 '정말 당황하다'와 '정말 황당하다'의 의미를 정리하면 다음과 같습니다.
정말 당황하다. ⇒ 놀라서 어쩔 줄 모름
정말 황당하다. ⇒ 거짓되고 터무니없음

079. '대가리'라고 하면 기분 나쁜 이유

대가리와
머리

> 대가리 　동물의 머리
> 머리 　사람이나 동물의 목 위의 부분

누가 내 '머리'를 보고 '대가리'라고 한다고 생각해 보세요. 생각만 해도 기분이 나쁘죠. '대가리'가 욕처럼 들리는 이유는 동물의 머리를 말하기 때문입니다. 사람의 머리를 동물의 머리라고 하니 기분이 나쁜 것이죠. 실제로 '대가리'에는 "사람의 머리를 속되게 이르는 말"이라는 뜻이 있습니다.

그렇다면 동물은 '머리'라고 할까요, '대가리'라고 할까요? 주로 동물은 '대가리'라고 쓰죠. 하지만 사전에 따르면 동물에게도 '머리'를 쓸 수 있습니다. 또한 동물의 머리를 '대가리'라고 하는 것은 욕이 아니라 자연스러운 쓰임입니다.

돼지 대가리.
돼지머리.

생선 대가리.
생선 머리.

소 대가리.
소머리.

참고로 '이'와 '이빨'은 무슨 차이일까요? '이'는 "척추동물의 입 안에 있으며 무엇을 물거나 음식물을 씹는 역할을 하는 기관"이라는 뜻이고 '이빨'은 이런 '이'를 낮잡아 이르는 말입니다. 그래서 사람에게는 보통 '이빨'이라고 잘 하지 않죠.

080 잘못 쓰면 싸움 납니다

때문 /
덕 / 탓

- **때문**   어떤 일의 원인이나 까닭
- **덕(德)**   베풀어 준 은혜나 도움
- **탓**   주로 부정적인 현상이 생겨난 까닭이나 원인

'때문'은 일의 원인이나 까닭을 가리키는 말로, 긍정 또는 부정의 의미를 내포하지 않습니다.

너 때문에 기쁘다.
너 때문에 슬프다.

하지만 '덕'과 '탓'은 각각 긍정과 부정의 의미를 내포합니다. 어느 것을 쓰는지에 따라 말의 의미가 크게 달라지므로 서로 간에 오해가 생기지 않으려면 잘 구별해서 써야 합니다.

'덕'은 베풀어 준 은혜나 도움을 가리키는 말입니다. 그래서 다음 예문은 이번 일이 상대방의 도움으로 잘 됐다는 긍정적인 의미를 내포하고 있죠.
이번 일이 성공한 것은 다 네 덕이다.

반면에 '탓'은 부정적인 일의 원인을 말합니다. 다음 예문은 이번 일이 잘 안 풀렸으며 부정적인 결과를 초래한 이유가 상대방이라는 의미를 내포하고 있습니다.
이번 일이 실패한 것은 다 네 탓이다.

또한 '탓'은 구실이나 핑계로 삼아 원망하거나 나무라는 경우에도 씁니다.
남 탓하지 마라.

081 못 한 거야, 안 한 거야?

못과
안

못 동사가 나타내는 동작을 할 수 없다거나 상태가 이루어지지 않았다는 부정의 뜻을 나타내는 말

안(아니) 부정이나 반대의 뜻을 나타내는 말

연인과 다투면서 이 말을 해 본 적 있나요? '오늘 연락 못 한 거야, 안 한 거야?' 만약 '못 한 것'이라면 그나마 정상 참작이 되지만 '안 한 것'이라면 싸움의 도화선이 되곤 하죠.

'못'과 '안'은 둘 다 부정할 때 쓰는 말이지만 의미에 큰 차이가 있습니다. '못'은 주로 능력이 없거나 외부의 상황 때문에 할 수 없는 경우에 쓰고 '안'은 주로 주체의 의지로 어떤 행위가 일어나지 않는 경우에 씁니다. 즉, 연락을 '못 한 것'은 연락을 할 수 있는 능력이 없다거나 다른 상황 때문에 어쩔 수 없었다는 의미이

고 연락을 '안 한 것'은 연락을 할 의지가 없었다는 의미입니다.

결혼식에 못 갔다. ⇒ 어쩔 수 없었음
결혼식에 안 갔다. ⇒ 의지가 없었음

밥을 못 먹었다. ⇒ 어쩔 수 없었음
밥을 안 먹었다. ⇒ 의지가 없었음

또한 '안'은 단순하게 부정할 때도 쓰는데요. 주로 형용사(사물의 성질이나 상태를 나타내는 품사)와 쓸 때 그렇습니다.

날씨가 안 춥다.
밥이 안 맛있다.

참고로 '안'을 써서 부정하는 부정문을 '안 부정문'이라고 하고 '못'을 써서 부정하는 부정문을 '못 부정문'이라고 합니다.

082 사실 둘은 같은 시간이라고?

반나절과
한나절

반(半)나절 한나절의 반 또는 하룻낮의 반(半)
한나절 하룻낮의 반(半) 또는 하룻낮 전체

'반나절 뒤에 오세요'라는 말을 들었다면 몇 시간 뒤에 가야 할까요? 3시간 아니면 6시간? 정답은 3시간도 맞고 6시간도 맞습니다. 그렇다면 '한나절'은 몇 시간일까요? 반나절이 3시간 또는 6시간이니 '한나절'은 6시간 또는 12시간이겠죠. 의아하죠? '반나절'과 '한나절'은 사실 알면 알수록 애매한 표현입니다.

'한나절'은 원래 하룻낮의 반입니다. '하룻낮'은 "하루의 낮 동안"이라는 뜻으로, 굳이 시간으로 환산해 본다면 12시간 정도를 의미하는데요. 이것의 반이니 6시간이 되죠. 그리고 '반나절'은

'한나절'의 반이니 3시간이 되는 셈입니다.

그런데 문제는 사람들이 '한나절'을 하루의 낮 시간 전체, 즉 12시간을 가리키는 말로 많이 썼다는 것입니다. 그래서 국립국어원에서는 기존에 있던 '한나절'의 뜻에 "하룻낮 전체"라는 뜻을 추가합니다. '한나절'이 12시간이 된 것이죠. 동시에 '반나절'은 '한나절'의 반인 6시간이 됐고요.

다시 말해 '한나절'은 6시간이기도 하고 12시간이기도 하며 '반나절'은 3시간이기도 하고 6시간이기도 합니다. 이 때문에 오해가 생기는 경우도 적지 않은 것 같은데요. 시간을 정확하게 표현하고 싶다면 '반나절'이나 '한나절' 말고 3시간, 6시간, 12시간 같은 다른 표현을 쓰는 게 좋겠죠?

083 그 말이 그 말 아닌가?

반증과
방증

반증(反證) 어떤 사실이나 주장이 옳지 아니함을 그에 반대되는 근거를 들어 증명함 또는 그런 증거

방증(傍證) 사실을 직접 증명할 수 있는 증거가 되지는 않지만 주변의 상황을 밝힘으로써 간접적으로 증명에 도움을 줌 또는 그 증거

'반증'과 '방증'은 둘 다 어떤 사실을 증명할 수 있는 근거입니다. 간단히 '증거'라고 써도 상관없지만 내 표현의 의도를 드러내고 더 구체적으로 말하고 싶다면 '반증'과 '방증'을 구별해 쓰는 게 좋은데요. 오히려 뜻을 혼동해 잘못 쓰는 경우가 있습니다.

'반증'은 어떤 사실이 틀렸음을 밝힐 때 그 사실에 대한 반내 근거를 들어 증명하는 것입니다. 반대되는 근거이기 때문에 한자 '反(돌이킬 반)'을 쓰죠. 쉽게 말해 '반대 증거'입니다. 예를 들어 '모든 사람은 밥을 먹는다'라는 말의 '반증'은 밥을 먹지 않는 사

람이 있음을 보여 주는 것이죠.

'방증'은 어떤 사실을 증명할 때 간접적으로 증명에 도움을 주는 근거입니다. 직접적인 증거가 아니라 간접적인 증거이기 때문에 한자 '傍(곁 방)'을 쓰죠. 만약 어떤 회사의 임직원 임금이 높다면 이 회사의 수익이 크다는 것을 간접적으로 증명할 수 있습니다. 이때 높은 임금이 큰 수익을 '방증'하는 셈이죠.

참고로 '반증'은 어떤 사실과 모순되는 것 같지만 거꾸로 그 사실을 증명할 때 쓰기도 합니다. 이때는 주로 '-(다)는 반증이다'의 꼴로 씁니다.

작품에 대한 그의 분노는 그만큼 그가 이 작품을 사랑했다는 반증이다.

084 감으로는 알겠는데 정확한 차이는 모르겠는 말

벌써와
이미

벌써 이미 오래전에
이미 다 끝나거나 지난 일을 이를 때 쓰는 말

영어의 'already'는 한국어로 '벌써' 또는 '이미'로 번역되곤 하는데요. '벌써'와 '이미'는 둘 다 지난 일을 말할 때 씁니다. 그렇다면 둘은 동의어일까요? 정확하게 말하면 조금 다릅니다.

벌써/이미 집에 갔다.
콘서트는 벌써/이미 끝났다.

모임에서 누군가가 내 생각보다 빨리 자리를 뜨려고 할 때 '너 벌써 가려고?'라고 말할 수 있죠. 그런데 '너 이미 가려고?'라고는 말하지 않습니다. 그 이유는 '벌써'에는 '이미'에 없는 뜻이 하

나 더 있기 때문인데요. 바로 "예상보다 빠르게"라는 뜻입니다. 무언가 예상보다 빠르게 진행됨을 나타낼 때는 '벌써'를 씁니다.

벌써 다 먹었어? ⇒ 생각했던 것보다 더 빠른 속도로 먹었음
이미 다 먹었어? ⇒ 과거에 먹는 행위를 마쳤음

085 / '이 인간아'가 기분 나쁜 이유

사람과
인간

사람 생각을 하고 언어를 사용하며 도구를 만들어 쓰고 사회를 이루어 사는 동물

인간(人間) 생각을 하고 언어를 사용하며 도구를 만들어 쓰고 사회를 이루어 사는 동물

'사람'과 '인간', 둘 다 다른 동물과 구별되는 우리 존재를 가리키는 말입니다. 다른 동물과 달리 우리는 생각을 하고, 언어를 사용하며, 도구를 만들어 쓰고, 사회를 이뤄 살죠. 사전에 나오는 '사람'과 '인간'의 첫 번째 정의는 동일합니다. 이때는 둘을 혼용해도 크게 문제가 되지 않죠.

사람/인간은 만물의 영장이다.

또한 둘 다 "일정한 자격이나 품격 등을 갖춘 이"라는 뜻도 갖고 있습니다.

사람/인간답게 살다.
사람/인간을 만들다.

둘의 차이를 보자면 '사람'은 '인간'보다 다양한 맥락에서 씁니다.
사람이 필요하다. ⇒ 어떤 일을 할 인원
서울 사람. ⇒ 어떤 지역에 사는 사람
한 사람. ⇒ 사람의 수를 세는 단위

한편 '인간'은 부정적인 맥락에 쓰기도 하는데요. 마음에 달갑지 않거나 마땅치 않은 사람을 낮잡아 이를 때 씁니다. '사람'이 들어가는 곳에 '인간'을 넣으면 묘하게 기분이 나쁜 이유가 이 때문이죠.
그 인간이랑은 말도 하기 싫어.
이 인간아.

사전에 따르면 '이 사람아'는 '이 인간아'처럼 낮잡아 이르는 의미라기보다 친근한 상대편을 가리키거나 부르는 거라고 합니다.

참고로 비슷한 말로는 '인류'가 있는데요. "세계의 모든 사람"이라는 뜻입니다. 또한 생물학적으로 사람을 다른 동물과 구별해 이를 때도 씁니다.

086 지금까지 날 사용한 거라고?

사용과
이용

<u>사용(使用)</u> 일정한 목적이나 기능에 맞게 씀
<u>이용(利用)</u> 대상을 필요에 따라 이롭게 씀

드라마에서 배신을 당한 주인공이 자주 하는 말이 있죠. '지금까지 날 이용한 거야?' 이걸 이렇게 바꾸면 어떤가요? '지금까지 날 사용한 거야?' 뭔가 배신감이 덜 드는 느낌입니다. '사용'과 '이용', 보통 대부분의 상황에서 섞어 쓰는데요. 무슨 차이가 있어 두 말의 어감이 다르게 느껴질까요?

'사용'과 '이용'은 둘 다 쓴다는 의미인데요. '사용'은 일정한 목적이나 기능에 맞게 쓰는 것으로, 목적과 기능에 초점을 맞춘 말입니다. 또한 사람을 다뤄 이용할 때도 '사용'을 쓰는데요. 노동자, 근로자와 대비되는 말로, 고용을 하는 사람을 '사용자'라고 하죠.

도구를 사용하다. ⇒ 도구를 목적과 기능에 맞게 씀

노사 관계. ⇒ 노동자와 사용자의 관계

'이용'은 필요에 따라 이롭게 쓴다는 말입니다. '이용'의 한자 '利(이로울 리/이)'는 '이익'의 '이'와 같은 한자로, '이용'은 이익을 위해 쓰는 것입니다. 또한 '이용'은 "다른 사람이나 대상을 자신의 이익을 채우기 위한 방편으로 씀"이라는 뜻도 갖고 있는데요. 이것이 지금까지 나를 '이용'했다면 배신감이 더 크게 느껴지는 이유입니다.

도구를 이용하다. ⇒ 도구를 필요에 따라 이익을 위해 씀

그는 이용당했다. ⇒ 다른 사람의 이익을 위해 그가 쓰임

087 '새 옷'과 '새로운 옷'은 뭐가 다를까?

새와
새로운

| 새 | 이미 있던 것이 아니라 처음 마련하거나 다시 생겨난
| 새로운(새롭다) | 지금까지 있은 적이 없다

친구가 전에 본 적 없는 옷을 입고 나왔다면 이것은 '새 옷'일까요, '새로운 옷'일까요? 둘 다 이전에 없던 것을 나타내므로 모두 쓸 수 있습니다. 하지만 의미에 미묘한 차이가 있다는 것, 눈치챘나요? '새 옷'이라고 하면 새로 산 옷이라는 느낌이 강하고 '새로운 옷'이라고 하면 이전의 스타일과 달라 신선하게 느껴지는 옷이라는 느낌이 강합니다.

'새'는 이미 있던 것이 아니라 처음 마련하거나 다시 생겨난 것 또는 사용하거나 구입한 지 얼마 안 된 것을 표현할 때 씁니다.

새 건물.

새 손톱.

새 책.

새 학기.

'새로운'은 지금까지 없던 것이나 이전과 달리 생생하고 산뜻한 것을 나타낼 때 쓰고요.

새로운 각오.

새로운 마음.

새로운 소식.

새로운 약.

둘은 문법상 차이도 있는데요. '새로운'은 형용사(사물의 성질이나 상태를 나타내는 품사) '새롭다'가 활용해 관형사(명사, 대명사, 수사 앞에 놓여서 그 내용을 자세히 꾸며 주는 품사)처럼 쓰인 표현이고 '새'는 관형사로서 독립된 한 단어입니다.

| 암기꿀팁 |

'거'를 넣어 생각하세요. '새로운 거 없어?'라고 물어봤을 때와 '새 거 없어?'라고 물어봤을 때 느낌이 다르죠? '새로운 거'라고 하면 전에 없던 신선한 것을 의미하고 '새 거'라고 하면 한 번도 쓰지 않은 것을 의미합니다. 쉽게 생각하세요. 사실 여러분은 이미 잘 구별해서 쓰고 있을 거예요.

088 우리가 버려야 할 것

선입견과 편견

선입견(先入見) 어떤 대상에 대하여 이미 마음속에 가지고 있는 고정적인 관념이나 관점

편견(偏見) 공정하지 못하고 한쪽으로 치우친 생각

다음 괄호에는 '선입견'과 '편견' 중 무엇이 들어가야 할까요?

( )을 가지다.
( )을 버리다.
( )에 사로잡히다.

'선입견'과 '편견' 둘 다 들어갈 수 있습니다. 둘 다 '견'이 들어 있어 생긴 것도 비슷하고 뜻도 비슷해 보이지만 구체적으로 살펴보면 뜻이 다릅니다.

'선입견'은 무언가에 대해 이미 마음속에 갖고 있는 고정 관념이나 관점입니다. 한자 그대로 먼저(先) 들어와 있는(入) 견해(見)입니다. 만약 내가 누군가를 보지 않고 그 사람은 어떨 것이라고 미리 생각한다면 그것은 '선입견'입니다. 그를 보고 난 뒤 원래 갖고 있던 생각과 달라져 마음이 바뀐다면 '선입견'이 깨지는 것이죠.

'편견'은 공정하지 못하고 한쪽으로 치우친 생각입니다. 마찬가지로 한자 그대로 치우친(偏) 견해(見)입니다. 예를 들어 '어떤 인종은 열등하다', '어느 지역 사람들은 성향이 어떻다' 같은 생각이 '편견'입니다. 만약 나의 생각이 한쪽으로 편향되지 않고 공정하게 바뀌게 된다면 '편견'이 깨지는 것이죠.

참고로 가끔 '선입견'과 '편견'을 합쳐 '편입견'이라고 하는 사람들이 있는데요. '편입견'은 비표준어입니다.

089 하나는 칭찬이고 하나는 욕이다?

순수하다와
순진하다

순수(純粹)하다 전혀 다른 것의 섞임이 없다
순진(純眞)하다 마음이 꾸밈이 없고 순박하다

'너 진짜 순수하다'와 '너 진짜 순진하다'에는 모두 '순'이 들어갑니다. 그런데 왜 '순수하다'는 칭찬으로 들리고 '순진하다'는 욕으로 들리죠?

'순수하다'는 원래 다른 것이 섞이지 않은 상태를 의미합니다. 그런데 이 말을 사람을 설명할 때 쓰면 사사로운 욕심이나 못된 생각이 없다는 의미로 확장됩니다. 자신의 욕심만 부리거나 나쁜 마음을 먹지 않는다는 말이죠. '순수하다'는 말이 칭찬으로 들리는 건 이 때문입니다.

<u>순수한</u> 금.
<u>순수한</u> 물.

<u>순수한</u> 마음.
<u>순수한</u> 의도.

'순진하다'는 마음이 꾸밈이 없고 순박하다는 말입니다. 마음이 다른 생각이나 의도 없이 보여지는 그대로라는 의미이죠.
아이들의 <u>순진한</u> 호기심에서 나온 질문이다.

그런데 '순진하다'에는 "세상 물정에 어두워 어수룩하다"라는 뜻도 있습니다. 즉, 세상일을 잘 알지 못하고 하는 행동이 어설프다는 말이죠. '순진하다'가 칭찬처럼 들리지 않는 이유는 이 때문입니다.
그는 너무 <u>순진해서</u> 세상 물정을 잘 모른다.

요즘 '뇌가 순수하다'라는 말을 쓰기도 하는데요. '순수하다'를 써서 칭찬인 듯 보이지만 주로 똑똑하지 않다는 의미로 쓰는 것 같습니다. 이처럼 사전에 없더라도 어휘의 의미는 확장되기도 합니다.

참고로 '순박하다'라는 말도 있는데, "거짓이나 꾸밈이 없이 순수하며 인정이 두텁다"라는 뜻입니다.

090 누가 가장 어릴까?

신생아 / 아동 / 어린이 / 영아 / 유아

신생아(新生兒) 태어난 지 얼마 되지 아니한 아이
아동(兒童) 나이가 적은 아이
어린이 '어린아이'를 대접하거나 격식을 갖추어 이르는 말
영아(嬰兒) 젖을 먹는 어린아이
유아(幼兒) 생후 1년부터 만 6세까지의 어린아이

'아이'는 나이가 어린 사람을 포괄적으로 이르는 말(221쪽 참고)입니다. 하지만 다양한 나이의 아이들을 통칭해 '아이'라고만 하기에는 나이의 폭이 너무 넓고 연령에 따른 특징이 매우 다르죠. 나이대에 따라 '아이'를 이르는 말로 '신생아', '아동', '어린이', '영아', '유아' 등이 있는데요. 누가 가장 어리고 누가 가장 나이가 많을까요?

먼저 사전적 정의에 따르면 '신생아'가 가장 어립니다. '신생아'는 태어난 지 얼마 되지 않은 아이입니다.

'영아'는 젖을 먹는 어린아이를 말합니다.
'유아幼兒'는 생후 1년부터 만 6세까지의 어린아이를 말합니다. 참고로 '유아乳兒'라고 하면 젖을 먹는 어린아이입니다.
'어린이'는 '어린아이'를 대접하거나 격식을 갖춰 이르는 말인데요. 대개 4, 5세부터 초등학생까지의 아이를 이릅니다.
'아동'은 대개 유치원에 다니는 나이부터 사춘기 전의 아이를 이릅니다.

다만 사전과 법령에서 말하는 기간이 다를 수도 있습니다. 따라서 법적으로 접근할 때는 해당 법령에서 규정하는 나이를 정확하게 봐야 합니다.

091 이제는 정확하게 알아 두자 1

아가 / 아기 / 아이

| 아가 | 어린아이의 말로, '아기'를 이르는 말
| 아기 | 어린 젖먹이 아이
| 아이 | 나이가 어린 사람

나이가 어린 사람을 이르는 말은 참 다양합니다. 어떤 말을 써도 상관이 없을 것 같지만 조금씩 뜻이 다른데요. 우선 '아이'는 나이가 어린 사람을 포괄적으로 이르는 말입니다. 그중에서도 어린 젖먹이를 '아기'라고 하죠. 그리고 어린아이의 말로, '아기'를 '아가'라고도 합니다.

'아기'와 '아가'의 또 다른 차이는 '아기'는 부를 때는 쓰지 않지만 '아가'는 부를 때도 쓴다는 것입니다. '아기'를 부를 때 쓰려면 '아기야'라고 격 조사 '야'를 붙이지만 '아가'는 그냥 그대로 '아가'라고 부를 수 있습니다. 만약 어른이 '아가야'라고 부르면 어린아이의 말로 부르는 것이므로 조금 어색한 표현이 됩니다.

참고로 '애'는 '아이'의 준말입니다. 이때 '애'와 함께 헷갈리는 것이 '얘'인데요. '얘'는 '이 아이'의 줄임말입니다.
애가 왜 이래? = 아이가 왜 이래?
얘가 왜 이래? = 이 아이가 왜 이래?

또한 '아기'를 '애기'라고도 하는데요. '애기'는 비표준어입니다.
귀여운 아기. O
귀여운 애기. X

092 이제는 정확하게 알아 두자 2

아버님 / 아버지 / 아빠 / 아비 / 부친

아버님 '아버지'의 높임말
아버지 자기를 낳아 준 남자를 이르거나 부르는 말
아빠 격식을 갖추지 않아도 되는 상황에서 '아버지'를 이르거나 부르는 말
아비 '아버지'의 낮춤말
부친(父親) '아버지'를 정중히 이르는 말

'아버지'와 '아빠'는 같은 대상을 지칭하지만 '아빠'가 '아버지'보다 조금 더 친근한 느낌이죠? 실제로 '아빠'는 격식을 갖추지 않아도 되는 상황에서 '아버지'를 이르거나 부르는 말입니다.

'아버지'를 낮춰 말할 때 '아비'라고 하고 높여 말할 때는 '아버님'이라고 합니다. 다만 자신을 낳아 준 남자를 말할 때 쓰는 '아버님'은 주로 '돌아가신 아버지'를 이르거나 편지글에 씁니다.

한자어인 '부친'은 '아버지'를 정중하게 이를 때 쓰는 말입니다.

둘의 차이점이 있다면 '아버지'는 부르는 말로도 쓰지만 '부친'은 부르는 말로는 쓰지 않는다는 것입니다.

'어머님/어머니/엄마/어미/모친'도 살펴볼까요? 마찬가지로 '엄마'는 격식을 갖추지 않아도 되는 상황에서 '어머니'를 이르거나 부르는 말입니다. '어머님' 역시 '어머니'의 높임말이지만 자신을 낳아 준 여자를 말할 때는 주로 '돌아가신 어머니'를 이르거나 편지글에 쓰죠. '모친母親'은 '어머니'를 정중하게 이르는 말, '어미'는 '어머니'를 낮춰 이르는 말입니다.

참고로 '어버이'는 '어머니'와 '아버지'를 아울러 이르는 말입니다.

093 먹었었었었었어? '었'은 몇 개까지 가능할까?

었과
었었

었 이야기하는 시점에서 볼 때 사건이나 행위가 이미 일어났음을 나타내는 어미

었었 현재와 비교하여 다르거나 단절되어 있는 과거의 사건을 나타내는 어미

꽤 오래전 일이라는 것을 강조할 때 장난스럽게 '었'을 여러 번 붙여 말하는 경우가 있죠. '먹었었었었어?'처럼요. 그렇다면 '었'은 몇 개까지 쓸 수 있을까요? 정답은 2개입니다. '었'과 '었었'만 가능합니다. '먹었어', '먹었었어'만 되죠. 그런데 왠지 '었었'을 쓰면 틀린 말 같나요? 아닙니다. 둘 다 과거를 의미하지만 뜻이 조금 다릅니다.

'었'은 이야기하는 시점에서 볼 때 어떤 일이 이미 일어났음을 나타내는 어미입니다. 즉, 과거를 나타내는 가장 기본적인 형태

죠. '되었다', '먹었다', '아니었다'처럼요. 여기에 '었'을 하나 더 추가하면 현재와 비교했을 때 다르거나 단절돼 있는 과거의 사건을 나타내는 어미 '었었'이 됩니다. 즉, '었었'을 쓰면 과거와 현재를 대조하는 의미가 강하죠.

그 둘은 결혼했다. ⇒ 과거에 결혼한 일 자체를 말하는 것이라 현재 상태에 대해 가늠하기 어려움

그 둘은 결혼했었다. ⇒ 과거에 결혼을 했었으나 현재는 헤어진 상태임을 암시함

과거형에는 '었'뿐만 아니라 '았'도 있습니다. 만약 용언 끝음절의 모음이 'ㅏ'나 'ㅗ'라면 '았'을 쓰는데, 이때는 '었었'이 아니라 '았었'을 씁니다.

막다. ⇒ **막았다.** ⇒ **막았었다.**
보다. ⇒ **보았다.** ⇒ **보았었다.**

그렇다면 '됐었었다'는 가능할까요? '었었'을 쓸 수 있어 보이지만 '됐었다'라고 써야 합니다. '됐'이 '되었'에서 줄어든 말이기 때문이죠. '됐'에 이미 '었'이 들어 있으니 '됐었'으로 쓰는 것이 맞습니다. 비슷한 예로 '갔었었다', '했었었다'도 '갔었다', '했었다'만 가능합니다.

094 저희나라에 놀러 모세요?

우리와
저희

우리 말하는 이가 자기와 듣는 이 또는 자기와 듣는 이를 포함한 여러 사람을 가리키는 일인칭 대명사

저희 '우리'의 낮춤말

나와 다른 사람을 포함한 여러 사람을 말할 때 '우리', '저희'라는 표현을 쓰죠. '우리'는 나보다 높지 않은 사람에게 말할 때, '저희'는 나보다 높은 사람에게 말할 때 쓴다는 것은 이미 알고 있을 것입니다. 그런데 이 외에도 또 다른 차이가 있습니다.

'우리'는 듣는 사람을 포함해 말할 때도 쓰지만 '저희'는 듣는 사람을 포함할 때는 잘 쓰지 않습니다. 나와 듣는 사람을 포함해 말할 때 듣는 사람까지 포함해 함께 스스로를 낮출 필요는 없으니까요. 예를 들어 아버지에게 '저희 가족'이라고 하거나 사장님

에게 '저희 회사'라고 하지 않습니다. 그 대신 '우리 가족', '우리 회사'라고 하는 것이 적절합니다.

아빠, 우리 가족이 방송에 나왔어요. O
아빠, 저희 가족이 방송에 나왔어요. X

또한 '저희'는 나를 포함하지 않는 상황에서도 쓸 수 있습니다. 이때는 앞에서 이미 말했거나 나온 바 있는 사람들을 가리키는 삼인칭 대명사입니다.

그 정도는 저희가 알아서 해야지.
저희들끼리 놀게 둬.

간혹 외국인에게 우리나라를 홍보할 때 '저희나라에 놀러 오세요'라고 하는 사람이 있습니다. 이때는 '우리나라'라고 하는 것이 적절합니다. 공손하게 말하고 싶은 마음은 알겠지만 높임 표현이 없는 외국인에게 굳이 우리를 낮추며 이야기할 필요는 없으니까요. 참고로 '우리나라'는 "우리 한민족이 세운 나라를 스스로 이르는 말"이라는 뜻의 한 단어로 사전에 등재돼 있습니다.

우리나라에 놀러 오세요. O
저희나라에 놀러 오세요. X

095 사건이 잇달아 발생하다? 잇따라 발생하다?

잇달다와
잇따르다

> 잇달다   어떤 물체가 다른 물체의 뒤를 이어 따르다
> 잇따르다   어떤 물체가 다른 물체의 뒤를 이어 따르다

새로운 옷 디자인이 인기를 끌면 비슷한 디자인들이 연달아 등장하곤 하죠. 이때 비슷한 디자인들이 잇달아 나왔다고 해야 할까요, 잇따라 나왔다고 해야 할까요? 정답은 둘 다입니다. 왜냐하면 '잇달다'와 '잇따르다' 둘 다 표준어이기 때문입니다.

'잇달아'는 '잇달다'의 활용형이고 '잇따라'는 '잇따르다'의 활용형입니다. 두 말은 기본적으로 뜻이 같은데요. 첫째로 "어떤 물체가 다른 물체의 뒤를 이어 따르다"라는 뜻을 갖고 있습니다.

군중이 잇달았다/잇따랐다.
선수들이 잇달아/잇따라 입장했다.

둘째로 둘 다 "어떤 사건이나 행동 따위가 이어 발생하다"라는 뜻도 갖고 있습니다.
잇단/잇따른 사건.
행운이 잇달았다/잇따랐다.

하지만 차이도 있습니다. 만약 앞에 '을/를'이 오면 '잇달다'만 쓰는데요. '잇따르다'는 자동사(동사가 나타내는 동작이나 작용이 주어에만 미치는 동사)라서 목적어를 나타내는 '을/를'과 함께 쓰지 않기 때문입니다. 하지만 '잇달다'는 자동사로도 쓰이고 타동사(동작의 대상인 목적어를 필요로 하는 동사)로도 쓰이기 때문에 '을/를'과 함께 쓸 수 있습니다. 이때의 '잇달다'는 "일정한 모양이 있는 사물을 다른 사물에 이어서 달다"라는 뜻입니다.
화물칸을 객차에 잇달았다. O
화물칸을 객차에 잇따랐다. X

참고로 '잇딸다'라고는 쓰지 않습니다.

096 '장기 자랑'은 있는데 '특기 자랑'은 없는 이유

장기와
특기

장기(長技) 가장 잘하는 재주
특기(特技) 남이 가지지 못한 특별한 기술이나 기능

초등학교 시절, 자기소개를 할 때마다 취미와 특기를 써냈던 기억이 납니다. 취미는 내가 좋아하는 것, 특기는 내가 잘하는 것을 적곤 했는데요. 과연 '특기'는 단순히 내가 잘하는 것을 말할까요? 그렇다면 '장기'와의 차이는 무엇일까요?

'장기'는 가장 잘하는 재주입니다. 내가 할 수 있는 것 중에 가장 잘할 수 있는 것이 바로 '장기'이죠. 예를 들어 내가 피아노를 가장 잘 친다고 하면 피아노 연주가 나의 '장기'입니다. 그리고 이것을 서로 뽐내며 즐기는 것이 바로 '장기 자랑'입니다.

'특기'는 다른 사람이 가지지 못한 특별한 기술이나 기능입니다. 많은 사람이 다 잘하는 것 말고 내가 유독 다른 사람들보다 잘하는 것을 일컬어 '특기'라고 하죠. 한자로도 '特(특별할 특)'과 '技(재주 기)'를 씁니다. 그래서 만약 피아노에 '특기'가 있다고 하면 그냥 피아노를 잘 친다는 것이 아니라 다른 사람들과 비교하더라도 잘 친다는 의미입니다.

097 업무에 참고하다? 참조하다?

참고와
참조

참고(參考) 살펴서 생각함
참조(參照) 참고로 비교하고 대조하여 봄

'참고'와 '참조'는 비슷한 맥락에서 혼용하지만 정확하게 말하면 뜻이 서로 조금 다릅니다.

'참고'는 살펴서 생각하거나 살펴서 도움이 될 만한 재료로 삼는 것을 말합니다. '참고'의 '고'는 한자 '考(상고할 고)'인데요. '고려하다'의 '고'와 같습니다. 즉, 참고한다는 건 고려한다는 의미입니다.

그의 의견을 <u>참고</u>해서 결정했다.
<u>참고</u>로 말하다.

그리고 '참고'에 비교와 대조의 의미가 들어간 것이 '참조'입니다. '참고'를 할 때 둘 이상의 것을 서로 비교하면서 같은 점과 다른 점을 찾아보는 것을 강조한다면 '참조'인 것이죠. '참조'의 '조'는 한자 '照(비출 조)'인데요. '대조'의 '조'와 같습니다. 이 점을 생각하면 기억하기 쉬울 거예요.

업무 이메일을 보낼 때 업무에 도움이 되라는 뜻으로 '업무에 참조하시기 바랍니다'라는 말을 많이 쓰는데요. 만약 비교하거나 대조할 대상이 있는 게 아니라면 '참고'가 더 자연스럽습니다. 비교하거나 대조할 대상이 있으면 '참조'를 쓸 수 있고요. 즉, 둘 다 쓸 수 있지만 맥락에 따라 의미가 달라짐을 기억하세요.

098 구별해서 쓰고 있나요?

피곤과
피로

피곤(疲困) 몸이나 마음이 지치어 고달픔
피로(疲勞) 과로로 정신이나 몸이 지쳐 힘듦 또는 그런 상태

'피곤'과 '피로', 얼핏 뜻이 비슷해 보이지만 분명 차이가 있습니다.

'피곤'은 몸이나 마음이 지쳐 고달픈 상태를 말합니다. 몸과 마음이 힘들면 언제든 쓸 수 있는 광의의 개념이죠. 어젯밤에 늦게 자서, 운동을 많이 해서, 말을 많이 해서, 야근을 해서 '피곤'할 수 있습니다. '피곤'에는 특정한 이유가 필요하지 않죠.

하지만 '피로'는 과로를 해서 정신이나 몸이 지쳐 힘들 때 쓰는 말입니다. '피로'의 '로'는 한자 '勞(수고로울 로/노)'로, '노동'의 '노'

와 같습니다. 즉, '일'을 해서 피곤한 것을 '피로'라고 합니다. 만약 집에서 아무것도 안 하고 편히 쉬면서 놀기만 하는 사람이 '나 피로가 쌓였어'라고 한다면 이렇게 말해 주세요.

'그건 피로한 게 아니라 피곤한 거야.'

099 피란민이 발생했다고?

피난과
피란

| 피난(避難) | 재난을 피하여 멀리 옮겨 감 |
| 피란(避亂) | 난리를 피하여 옮겨 감 |

지진, 태풍, 홍수 등의 자연재해가 발생하면 많은 이재민이 생기죠. 이때 집에 있으면 위험하니 안전한 곳으로 몸을 피해야 하는데요. 이것은 '피난'일까요, '피란'일까요? 정답은 '피난'입니다. 그렇다면 '피란'은 없는 말일까요? 아닙니다. '피란'도 있는 말입니다. 하지만 둘의 뜻이 조금 다릅니다.

'피난'은 재난을 피해 멀리 옮겨 가는 것이고 '피란'은 난리를 피해 옮겨 가는 것입니다. 핵심은 재난과 난리의 차이인데요. 비슷해 보이지만 정확히 말하면 '재난'은 "뜻밖에 일어난 재앙과 고난", '난리'는 "전쟁이나 병란(나라 안에서 싸움질하는 난리)"을 뜻합니다. 즉, 뜻밖에 일어난 재앙을 피하는 것은 '피난'이고 전쟁과 병란을 피하는 것은 '피란'입니다. 따라서 자연재해를 피해 옮기는 것은 '피난'이 적절하죠.

'피난민'과 '피란민'도 마찬가지입니다. '피난민'은 재앙과 고난을 피해서 온 사람이고 '피란민'은 전쟁과 병란을 피해서 온 사람입니다. 사실 '피난'이 더 큰 개념이라 '피란민'이 '피난민'이기도 하죠. 하지만 전쟁과 병란을 강조하려면 '피란'을 쓰는 것이 적절합니다.

100 빨래를 말리는 건 햇볕일까, 햇빛일까?

햇볕과
햇빛

|햇볕| 해가 내리쬐는 기운
|햇빛| 해의 빛

빨래를 말리는 건 '햇볕'일까요, '햇빛'일까요? '햇볕'과 '햇빛'은 둘 다 '해'에서 나온 말이지만 뜻이 조금 다릅니다. '햇볕'은 해가 내리쬐는 기운을 말하고 '햇빛'은 말 그대로 해의 빛입니다. 즉, '햇볕'은 '기운'이고 '햇빛'은 '빛'입니다. 이때의 기운은 해의 뜨거운 기운이겠죠. 빨래를 말리는 건 빛 그 자체라기보다 해의 열기이므로 '햇빛'이 아니라 '햇볕'에 조금 더 가깝습니다.

이런 차이로 인해 '햇볕'과 '햇빛'은 주로 어울려 쓰는 말들이 조금 다른데요. 대체로 '햇볕'은 기운과 관련된 말, '햇빛'은 빛과 관련된 말과 씁니다. 물론 공통으로 쓰기도 하고요.

햇볕이 따뜻하다.

햇볕이 따사롭다.

햇빛이 반사되다.

햇빛이 비치다.

햇볕/햇빛이 내리쬐다.

햇볕/햇빛이 들다.

또한 '햇빛'은 세상에 알려져 칭송을 받을 때도 씁니다.

언젠가는 내 작품도 햇빛을 보게 될 거야.

참고로 '햇살'은 해에서 나오는 빛의 줄기 또는 그 기운을 말합니다.

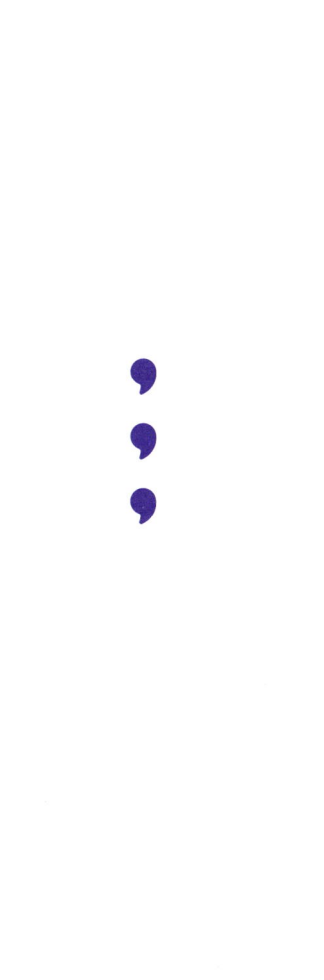

복습 문제 / 조금 더 적절한 말을 고르세요

067 술 취한 네 모습 참 **(가관이다/장관이다)**.

068 손목이 **(굵어져서/두꺼워져서)** 시계가 안 맞아.

069 초대해 주셔서 **(감사합니다/고맙습니다)**.

070 이 동네는 **(개발/계발)** 가능성이 커요.

071 국물이 다 졸아서 **(국이/찌개가)** 됐다.

072 대한민국의 주권은 **(국민에게/시민에게/주민에게)** 있고, 모든 권력은 **(국민으로부터/시민으로부터/주민으로부터)** 나온다.

073 고향에서 받은 명절 음식과 함께 **(귀경길에/귀향길에)** 올랐다.

074 (인상을 찌푸리며) 이게 어디서 나는 **(냄새지/향기지)**?

075 적게 노력하고 좋은 결과를 얻으려면 **(능률적으로/효율적으로)** 일하는 것이 중요하다.

076 홍길동 **(님/씨)**, 앞으로 제가 잘 모시겠습니다.

077 올해는 작년과 **(다르게/틀리게)** 기온이 높다.

078 정곡을 찌르는 질문에 그는 매우 **(당황했다/황당했다)**.

079 설명이 **(대가리에/머리에)** 쏙쏙 들어온다.

080 남의 **(덕을/탓을)** 하지 말자.

081 나 아직 운전면허가 없어서 운전을 **(못/안)** 해.

082 다 하는 데 **(반나절/한나절)** 정도 걸려요.

083 그 사실을 (반증하려면/방증하려면) 반대 근거가 필요하다.

084 너 지금 왔잖아. 근데 (벌써/이미) 집에 간다고?

085 잠깐 짐 옮기는 거 도와줄 수 있는 (사람/인간) 있어?

086 (사용자와/이용자와) 근로자 사이의 갈등이 쉽게 꺼지지 않고 있다.

087 옷이 다 해졌네. (새/새로운) 옷 좀 사 입어.

088 보기도 전에 사람을 판단하는 건 (선입견이에요/편견이에요).

089 그렇게 (순수해서/순진해서) 이 험한 세상 살아남겠어?

090 태어난 지 1년이 넘었으니 이제 (신생아라고/아동이라고) 하기 어렵다.

091 제가 말씀드린 아이가 바로 (애예요/얘예요).

092 고향에 계신 저희 (아버님과/아버지와) 상의해 볼게요.

093 지금은 아닌데, 예전에는 사과를 (좋아했어/좋아했었어).

094 (우리나라/저희나라) 사람들은 김치를 좋아해요.

095 객차 뒤에 화물칸을 (잇달았다/잇따랏다).

096 이 아이는 또래에 비해 언어에 (장기가/특기가) 있네요.

097 이메일에 비교할 수 있는 자료를 넣었으니 (참고하세요/참조하세요).

098 야근으로 쌓인 (피곤을/피로를) 잘 풀어야 해요.

099 홍수가 나자 (피난민을/피란민을) 위한 임시 수용소가 설치됐다.

100 (햇볕이/햇빛이) 밝게 비치다.

쉬어가기 / 표준어가 여러 개일 수도 있어요

"세 잔이 맞아요." vs "석 잔이 맞아요."

의뢰인들에게 집을 소개해주는 MBC 예능 〈구해줘! 홈즈〉에서 때아닌 설전이 벌어졌던 적이 있는데요. 출연자인 손범수 아나운서와 김태호 아나운서 사이에 '커피 세 잔'이 맞는지, '커피 석 잔'이 맞는지 의견이 갈린 것이죠. 선배인 손범수 아나운서는 '석 잔'이 맞는다고 했고 후배인 김태호 아나운서는 '세 잔'이 맞는다고 했습니다. 평소 올바른 말로 방송을 하는 아나운서들인 만큼 누가 맞는지 모두 궁금해했는데요. 정답은 둘 다 표준어였습니다. 이것을 '복수 표준어'라고 합니다. 한 가지 의미를 나타내는 형태가 여러 개이면서 표준어 규정에 맞으면 그 모두를 표준어로 삼습니다. 다음은 주요 복수 표준어입니다.

가엾다와 가엽다 마음이 아플 만큼 안되고 처연하다

간지럽히다와 간질이다 살갗을 문지르거나 건드려 간지럽게 하다

-거리다와 -대다 '그런 상태가 잇따라 계속됨'의 뜻을 더하고 동사를 만드는 접미사

넝쿨과 덩굴 길게 뻗어 나가면서 다른 물건을 감기도 하고 땅바닥에 퍼지기

도 하는 식물의 줄기

네와 예 윗사람의 부름에 대답하거나 묻는 말에 긍정하여 대답할 때 쓰는 말

눈두덩과 눈두덩이 눈언저리의 두두룩한 곳

들락날락과 들랑날랑 자꾸 들어왔다 나갔다 하는 모양

-뜨리다와 -트리다 '강조'의 뜻을 더하는 접미사(망가뜨리다와 망가트리다 등)

만날과 맨날 매일같이 계속하여서

모쪼록과 아무쪼록 될 수 있는 대로

삐지다와 삐치다 성나거나 못마땅해서 마음이 토라지다

소고기와 쇠고기 소의 고기

아르와 알 영어 알파벳의 열여덟 번째 자모 이름(R)

여쭈다와 여쭙다 웃어른에게 말씀을 올리다

여태와 입때 지금까지 또는 아직까지

예쁘다와 이쁘다 생긴 모양이 아름다워 눈으로 보기에 좋다

자장면과 짜장면 중국요리의 하나

추켜세우다와 치켜세우다 옷깃이나 신체 일부 따위를 위로 가뜬하게 올려 세우다

태견과 택견 우리나라 고유의 전통 무예 가운데 하나

헷갈리다와 헛갈리다 정신이 혼란스럽게 되다

어휘력을 늘리는
습관 57가지

하나, 이 말은 피하세요

우리나라에는 마법의 어휘가 있습니다. 바로 '거시기'인데요.

그 거시기 말이야.
거시기가 거시기를 거시기해서 거시기하게 거시기했잖아.
그래서 참 거시기하더라. 그래도 거시기가 거시기하긴 해.

무언가 말하기 곤란할 때나 어휘가 생각나지 않을 때 거시기라고 하면 모든 것이 통하죠. 같은 상황과 맥락을 공유하고 있다면 굳이 거시기가 무엇인지 설명하지 않아도 서로 이해할 수 있습니다. 또한 말이 통하면 동질감마저 느껴지죠. 하지만 어휘력을 늘리기 위해서는 거시기를 잠시 넣어 두길 바랍니다. 그 대신에 말하고자 하는 어휘를 정확하게 써서 의미를 분명하게 하는 것이 좋습니다. 거시기로만 말하면 다른 어휘를 생각할 수 있는 힘이 약해지기 때문입니다.

어휘력을 늘리고 원활하게 소통하기 위해 쓸 때마다 다시 한번 생각해 보면 좋은 말이 또 있는데요. 바로 '이/그/저'입니다. 어떤 대상을 가리킬 때 대신해 쓰거나 앞에 나온 말을 반복해 쓰지 않기 위해 하는 말인데요. 비슷하게는 '여기/거기/저기', '이렇다/그렇다/저렇다', '이것/그것/저것', '이거/그거/저거', '이런/그런/저런', '이쪽/그쪽/저쪽', '이게/그게/저게' 등이 있습니다. 어떤 말이 명확하게 생각나지 않거나 급할 때 참 유용하게 쓰이죠.

그거 다 했어?

뜬금없이 상대방에게 이런 말을 들었다면 어떤 기분이 드나요? 듣는 사람은 혼란스럽습니다. '그것이 과연 무엇일까?' 이때 눈치로 무엇인지 맞힌다면 다행이지만 그렇지 않다면 대부분의 경우 소통에 비효율이 발생합니다. 그게 무엇이냐고 되물어야 하거나 물어보지 않고 눈치껏 대답했다가 틀린 대답을 할 가능성도 있으니까요. 말하는 사람 입장에서는 '그거'가 무엇인지 명확하지만 듣는 사람은 그렇지 않을 수 있음을 이해해야 합니다. 또한 어휘력을 늘리고 명확한 소통을 하기 위해서는 내가 말하는 대상이 어떤 것인지를 정확히 밝히는 게 좋습니다. 그러니 '이/그/저'를 쓰기 전에 대체할 수 있는 말이 있는지를 다시 한번 생각해 보길 권합니다. 중요한 건 우리가 일상에서 쓰는 어휘의 종류와 양을 늘리는 것이니까요.

아, 그 단어 있잖아. 그게 뭐였더라?

이런 경험이 한 번쯤은 있을 거예요. 그게 뭐였는지 생각이 안 나더라도 대수롭지 않게 넘어갔었다면 앞으로는 그게 무엇인지를 구체적으로 이야기해 보는 습관을 가져 보세요. 쉽게 소통하고 싶은 마음에 상대방이 이미 이해했을 거라 믿으며 어물쩍 넘어가곤 하지만 이 순간에 포기하면 안 됩니다. 내가 말하고자 하는 바가 무엇인지 명확히 하기 위해 노력해야 합니다. 이런 노력이 쌓이고 쌓이면 일상에서 쓰는 어휘의 종류와 양이 늘어나고 표현력이 좋아졌다는 말을 듣게 될 것입니다.

둘, 다른 말을 생각하세요

인기 있는 먹방 유튜버들이 하는 다양한 맛 표현을 한번 떠올려 보세요. 그리고 내가 먹방 유튜버가 됐다고 상상해 보세요. 유명한 한식집을 방문해 반찬을 한 입 먹으면서 뭐라고 말할 건가요? '맛있네요.' 대부분의 사람이 여기서 끝날 것입니다. 하지만 정말 먹방 유튜버가 되고 싶거나 어휘력을 기르고자 하는 사람이라면 여기서 끝나면 안 됩니다. '맛있다'를 대신하거나 보충할 수 있는 말을 찾아야 합니다.

<u>고소해서/달콤해서/매워서</u> 맛있는지

새로워서/익숙해서 맛있는지
뒷맛이 깔끔해서/향이 끝까지 남아서 맛있는지
단독으로 먹어야/다른 음식과 곁들여 먹어야 맛있는지
친구를 데려오고 싶을 정도로/나만 알고 싶을 정도로 맛있는지

내가 이 음식을 먹고 느낀 바를 구체적이고 세세하게 표현하고자 노력해 보세요. 단순히 맛있다는 말로 끝내기에는 이렇게나 다양하게 표현할 수 있는 여지가 많습니다. 저는 음식의 맛으로 예를 들었지만 주변 환경이나 방법을 설명할 때, 내 감정과 생각을 표현할 때 등 다양한 상황에 적용할 수 있습니다. 비슷한 예로는 '짜증 나'가 있는데요. 기분이 나쁠 때면 나의 감정을 명확하게 하지 않고 그냥 '짜증 난다'라는 말 한마디로 뭉뚱그려 표현하곤 하죠. 이 표현에 대해 tvN 〈유 퀴즈 온 더 블럭〉에 나온 조병영 교수는 다음처럼 말했습니다.

언어 사용은 에티켓이다. 섬세한 언어를 썼을 때 정확한 표현과 원활한 의사소통이 가능하다. 그런데 모든 걸 하나의 말로 표현하는 건 좀 게으른 것이다.

즉, '짜증 나'라고 말하면 큰 노력 없이 내기 기분이 나쁘다는 사실을 다른 사람에게 전달할 수는 있지만 듣는 사람 입장에서는 구체적으로 내가 어떤 상태임을 이해하기가 힘들다는 것이죠.

예를 하나 더 들자면 '쩐다'도 있습니다. 흔히 정말 멋질 때나 정말 별로일 때 이렇게 말하죠. 놀람을 나타낼 때 이것만큼 효율적인 말도 없지만 다른 말로 대체해 표현한다면 서로 간에 더 정확하게 소통할 수 있습니다. 특히 우리나라 말은 표현이 다양하기로 유명하잖아요. 순우리말로도 말해 보고, 한자어로도 말해 보고, 짧은 어휘로도 말해 보고, 길게 풀어서도 말해 보세요.

셋, 사전을 찾아보세요

다음은 무엇에 대한 설명일까요?

어떤 범위 안에서 쓰이는 낱말을 모아서 일정한 순서로 배열하여 싣고 그 각각의 발음, 의미, 어원, 용법 따위를 해설한 책.

정답은 '사전'입니다. 〈표준국어대사전〉에 나오는 사전의 정의인데요. 사전은 말을 쓰는 사람 모두가 공유할 수 있는 뜻을 객관적으로 알려 준다는 장점이 있습니다. 기준이 되어 주는 것이죠. 가끔 '이 말을 써도 되나?'라는 생각이 들거나 같은 말을 사람들끼리 다르게 이해해 갈등이 생길 때가 있는데요. 뜻이 헷갈릴 때는 사전을 찾아 통용되는 뜻을 확인하면 됩니다. 요즘에는 온라인 사전이 잘 구축돼 있으니 검색하기도 쉽습니다. 그리고 그 밑에 있는 용례들을 살펴보면 어휘를 실생활에서 어떻게 활용하는지도 알 수 있습니다.

사전의 장점은 이뿐만이 아닌데요. 위에 있는 사전의 정의를 조금 더 자세히 읽어 보세요. 우리는 주로 사전은 뜻을 알려 주는 책이라고 알고 있지만 이 정의를 자세히 보면 사전은 어휘의 의미뿐만 아니라 발음, 어원, 용법까지도 알려 줍니다. 따라서 사전을 보면 어휘에 관한 굉장히 많은 정보와 추가적인 지식을 얻을 수 있습니다. 또한 유의어 사전을 보는 것도 어휘력을 늘리는 방법 중 하나인데요. 글을 쓸 때 한 어휘가 너무 많이 반복되지 않도록 다른 표현을 찾아보는 것도 좋습니다.

사전은 어휘의 규범적인 형태, 즉 표준어가 무엇인지를 알려 주기도 합니다. 가끔 어휘의 표준형이 무엇인지 몰라 글자를 틀리게 쓰는 경우가 있는데, 이럴 때는 사전을 찾아보면 됩니다. 맞는 표기라면 해당 어휘의 뜻이 풀이돼 있을 것이고 틀린 표기라면 뜻풀이가 없거나 뜻이 있어야 하는 자리에 화살표(→)와 함께 표준형이 쓰여 있을 것입니다. 예를 들어 '비로소'를 '비로서'로 잘못 썼다고 가정해 볼게요. 온라인 사전에 '비로소'를 검색하면 뜻풀이가 나오지만 '비로서'를 검색하면 '→ 비로소'라고 나옵니다. 즉, '비로소'가 표준어이고 '비로서'는 표준어가 아닌 것이죠. 사전을 찾아보면 쉽게 해결됩니다.

넷, 책을 많이 읽으세요

궁금한 것이 있을 때 어디서 찾아보나요? 인터넷이 없던 시절에는 모두가 도서관이나 서점에 가 책에서 정보를 찾곤 했죠. 그리고 인터넷이 생겨나면서 검색 포털에 검색을 하기 시작했고 블로그가 나오면서 블로그에 정리된 글을 보기 시작했습니다. 그리고 유튜브가 처음 나왔을 때 사람들은 말했죠. '난 유튜브가 불편하더라. 영상으로 보는 것보다 네이버로 보는 게 편해. 그런데 요즘 어린 친구들은 유튜브로 정보를 찾는다며?' 이때까지만 해도 유튜브로 정보를 얻는다는 건 비효율적인 일로 여겨졌던 것 같습니다. 블로그에 잘 정리된 글을 빨리 읽으면 되는데, 굳이 시간이 오래 걸리는 영상을 처음부터 끝까지 봐야 하는지 이해하지 못하는 사람이 대부분이었죠.

그런데 지금은 어떤가요? 궁금한 것이 생기면 유튜브에 들어가 보는 사람이 많을 것입니다. 글의 시대에서 영상의 시대로 바뀌어 가고 있는 중이죠. 공교롭게도 문해력이 저하되는 요즘의 추세와 시기가 겹치면서 영상 중심의 정보 습득이 문해력을 저하시키는 원인으로 대두되기도 합니다. 실제로 통계청 조사에 따르면 2023년 한 해 동안 우리나라 사람들의 1인당 평균 독서 권수가 7.2권이었다고 해요. 2011년에는 12.8권이었다고 하니 10여 년의 시간 동안 5.6권이 줄어든 셈입니다. 전체 국민 5,000만 명으로 단순하게 계산해 보면 2억 8,000만 권을 덜 읽은 것이니 어휘력과 문해력 논란이 괜히 나오는 말이 아니라는 생각도 듭니다.

어휘력을 늘리고 말과 글로 표현하고 이해하는 능력을 키우려면 여전히 책이 중요합니다. 책을 읽으면 내가 평소에 쓰지 않는 말들을 접할 수 있기 때문이죠. 새로운 자극이 없으면 내가 편하게 느끼고 자주 쓰는 말만 계속 반복하게 될 가능성이 높습니다. 너무 당연한 이야기이지만 책을 읽는 것이 기본입니다. 책을 통해 새로운 언어 자극을 느껴 보세요.

다섯, 뜻을 유추하세요

〈표준국어대사전〉에 등재된 올림말_{표제어}은 몇 개일까요? 국립국어원의 〈2022 숫자로 살펴보는 우리말〉 자료에 따르면 2022년 기준 422,890개라고 합니다. 그리고 표제어는 계속 추가되고 있으며 2023년에만 1,000개의 표제어가 추가됐다고 합니다. 그렇다면 사전에 있는 어휘들과 그 뜻을 다 외우면 어휘력이 좋아질까요? 아닙니다. 우선 모든 어휘를 외우는 것은 불가능합니다. 42만 개라니! 저도 못해요. 또한 이 방법은 효율적이지도 않습니다. 왜냐하면 사전의 뜻을 다 외운다고 해도 어휘이 의미는 문장과 앞뒤 맥락 속에서 결정되기 때문이죠. 결국 어휘의 뜻은 앞뒤 맥락과 연관돼 있다는 말입니다. 따라서 이해가 되지 않을 때는 전후 상황을 참고해 뜻을 유추할 수 있습니다.

특히 한자어의 경우에는 한자 뜻을 활용해 어휘의 뜻을 유추하는 것도 가능합니다.

상승과 하강으로 명징하게 직조해낸 신랄하면서 처연한 계급 우화.

2019년 이동진 영화 평론가가 〈기생충〉을 보고 쓴 한 줄 평이 이슈가 됐던 적이 있습니다. '명징', '직조' 등 너무 어려운 어휘를 사용해 사람들이 알아듣기 어렵게 표현했다는 것입니다. 굳이 어려운 어휘를 쓸 필요가 있었냐는 반응이었는데요. 이에 대해 이동진 영화 평론가는 tvN 〈유 퀴즈 온 더 블럭〉에 출연해 다음처럼 말했습니다.

'명확하게'라고 하면 안 오는 말의 맛이 있는데, 내 입장에서는 '명징하게'라는 말을 반드시 써야 한다.

표현하는 사람 입장에서는 자신이 말하고자 하는 바를 충분히 표현하기 위해 고심해 선택한 어휘와 문장이라는 것이죠. 그렇다면 이것을 해석하는 우리에게는 3가지 선택지가 있습니다. 첫째는 이해를 포기하는 것, 둘째는 사전을 찾아 정확하게 이해하는 것, 셋째는 문맥을 통해 유추하는 것입니다. 물론 사전을 찾아 글쓴이의 의도를 완벽하게 이해하고 나의 어휘력도 늘리는 방법이 가장 좋겠지만 이렇게 하기 어려운 경우가 많습니다. 이럴 때는 한자로 뜻을 유추하는 것이 가능합니다.

예컨대 앞뒤 맥락을 살펴보면 '명징하게 직조했다'는 잘 표현했다는 칭찬의 의미임을 유추할 수 있습니다. 여기서 더 들어가면 '명징'의 '명'은 '명료하다', '명백하다', '명확하다' 등에 있는 한자 '明(밝을 명)'과 같습니다. 그런데 '징'이 조금 어려운데요. "맑고 깨끗한 물"이라는 뜻의 '징수'라는 말이 있습니다. 이때의 '징'은 '澄(맑을 징)'입니다. 즉, '명징하다'는 매우 깨끗하고 맑다는 의미가 됩니다. 다음으로 '직조하다'는 '織(짤 직)'과 '造(지을 조)'를 써서 "기계나 베틀 따위로 피륙을 짜다"라는 뜻인데요. '직'은 '방직', '직물'이라는 말을 알면 베를 짜는 것과 연관이 있음을 알 수 있으며 '조'는 '위조', '제조', '창조' 등을 떠올리면 무언가를 만든다는 말임을 알 수 있습니다. 즉, 명징하게 직조했다는 건 매우 깨끗하고 맑게 날실과 씨실을 이용해 베를 짜듯 표현했다는 의미입니다. 사실 저는 저 표현을 처음 보고 직조를 '직접(直) 조명하다(照)'로 유추해 이해했었지만 나중에 관련 영상을 보고 그것이 아니었음을 알았습니다. 그래서 말을 명확하게 하기 위해 한자를 병기하기도 하죠.

2022년 기준 〈표준국어대사전〉에 올라온 말의 55.6%가 한자어였습니다. 영어를 중시하는 요즘의 풍조와는 조금 동떨어져 보이기는 해도 한자 교육을 중시하는 이유가 바로 이것입니다. 한자를 알면 유추할 수 있는 어휘가 많아지기 때문이죠. 따라서 평소에 기본적인 한자를 알아 두고 어려운 한자 어휘가 나왔을 때는 내가 알고 있는 한자를 활용해 뜻을 유추하는 것도 좋은 방법입니다.

자주 쓰는
문장 부호

문장 부호는 글에서 문장의 구조를 드러내거나 글쓴이의 의도를 전달하기 위해 사용하는 부호입니다. 각각의 문장 부호는 〈한글 맞춤법〉에 규정된 쓰임이 있는데요. 우리가 일상에서 자주 쓰는 대표적인 문장 부호들의 주요 내용만 골라 봤습니다. 더 궁금한 내용이 있거나 추가로 알고 싶은 문장 부호가 있다면 '국립국어원(www.korean.go.kr)' 사이트에 있는 〈한글 맞춤법〉 부록에서 살펴볼 수 있습니다.

이름	주요 역할	예시
마침표 (.)	서술, 명령, 청유 등을 나타내는 문장의 끝에 쓴다.	어휘력이 중요하다.
	아라비아 숫자만으로 연월일을 표시할 때 쓴다.	2024. 10. 9.
	특정한 의미가 있는 날을 표시할 때 월과 일을 나타내는 아라비아 숫자 사이에 쓴다.	8.15 광복
물음표 (?)	의문문이나 의문을 나타내는 어구의 끝에 쓴다.	밥 먹었어요?
	특정한 어구의 내용에 대하여 의심, 빈정거림 등을 표시할 때 또는 적절한 말을 쓰기 어려울 때 소괄호 안에 쓴다.	지각을 했다니 훌륭(?) 하네.

부호	용법	예
느낌표 (!)	감탄문이나 감탄사의 끝에 쓴다.	앗!
	특별히 강한 느낌을 나타내는 어구, 평서문, 명령문, 청유문에 쓴다.	당장 나와!
	물음의 말로 놀람이나 항의의 뜻을 나타내는 경우에 쓴다.	이게 얼마 만이야!
	감정을 넣어 대답하거나 다른 사람을 부를 때 쓴다.	네!
쉼표 (,)	같은 자격의 어구를 열거할 때 그 사이에 쓴다.	말하기, 듣기, 쓰기, 읽기 모두 중요하다.
	짝을 지어 구별할 때 쓴다.	엄마와 딸, 아빠와 아들은 각각 성별이 같다.
	문장의 연결 관계를 분명히 하고자 할 때 절과 절 사이에 쓴다.	나는 떡을 썰 테니, 너는 책을 읽거라.
	바로 다음 말과 직접적인 관계에 있지 않음을 나타낼 때 쓴다.	예쁜, 엄마의 아기 ⇒ 엄마가 아니라 아기가 예쁘다는 의미
가운뎃점 (·)	열거할 어구들을 일정한 기준으로 묶어서 나타낼 때 쓴다.	광수·옥순, 영수·영자가 커플이 됐다.
	짝을 이루는 어구들 사이에 쓴다. 아예 점을 쓰지 않거나 쉼표를 쓰는 것도 가능합니다. 다만 하나의 단위로 뭉쳐서 말하고자 할 때는 가운뎃점을 쓰고, 점을 쓰지 않거나 쉼표를 쓰면 풀어서 열거하는 느낌이 강합니다.	한국어의 어휘는 고유어·한자어·외래어로 구성돼 있다.
쌍점(:) 쌍점은 앞말에 붙여 쓰고 뒷말과 띄어 쓰는 것이 원칙입니다.	표제 다음에 해당 항목을 들거나 설명을 붙일 때 쓴다.	장소: 여의도 한강 공원
	희곡 등에서 대화 내용을 제시할 때 말하는 이와 말한 내용 사이에 쓴다.	모던걸: 안녕하세요.
빗금(/) 빗금은 앞말과 뒷말에 붙여 쓰는 것이 원칙입니다.	대비되는 2개 이상의 어구를 묶어 나타낼 때 그 사이에 쓴다.	가죽/거죽

문장부호	쓰임	예시
큰따옴표 (" ")	글 가운데에서 직접 대화를 표시할 때 쓴다.	"오늘 뭐 먹을래?"
	말이나 글을 직접 인용할 때 쓴다.	친구가 "빨리 가자."라고 말했다.
작은따옴표 (' ')	인용한 말 안에 있는 인용한 말을 나타낼 때 쓴다.	"나쁜 말을 하고 싶을 땐 '가는 말이 고와야 오는 말이 곱다.'라는 말을 꼭 기억하세요."
	마음속으로 한 말을 적을 때 쓴다.	힘이 들 땐 '나는 할 수 있어.'라고 속으로 외치곤 한다.
소괄호 (( ))	주석이나 보충적인 내용을 덧붙일 때 쓴다.	신분증(주민등록증, 여권 등)을 꼭 챙기세요.
	우리말 표기와 원어 표기를 아울러 보일 때 쓴다.	어휘(語彙), 오렌지(orange)
중괄호 ({ })	같은 범주에 속하는 여러 요소를 세로로 묶어 보일 때 쓴다.	빛의 삼원색 {빨강, 초록, 파랑}
	열거된 항목 중 어느 하나가 자유롭게 선택될 수 있음을 보일 때 쓴다.	나{는/도/만/부터} 할 수 있어.
대괄호 ([ ])	괄호 안에 또 괄호를 쓸 필요가 있을 때 바깥쪽의 괄호로 쓴다.	공사 기간[1. 1.(월) ~1. 5.(금)] 동안 출입을 금합니다.
	고유어에 대응하는 한자어를 함께 보일 때 쓴다.	낱말[單語], 엄마[母]
겹낫표 (『 』) 겹화살괄호 (《 》)	책의 제목이나 신문 이름 등을 나타낼 때 쓴다.	『한 끗 어휘력』을 읽었다. 《한 끗 어휘력》을 읽었다.
홑낫표 (「 」) 홑화살괄호 (〈 〉)	소제목, 그림이나 노래와 같은 예술 작품의 제목, 상호, 법률, 규정 등을 나타낼 때 쓴다.	「한글 맞춤법」에 띄어쓰기 규정이 들어 있다. 〈기생충〉은 아카데미 4관왕에 올랐다.

부호	쓰임	예시
줄표 (—)	제목 다음에 표시하는 부제의 앞뒤에 쓴다.	이 책의 제목은 『한 끗 어휘력—어른의 문해력 차이를 만드는』이다.
붙임표 (-)	차례대로 이어지는 내용을 하나로 묶어 열거할 때 각 어구 사이에 쓴다.	유튜브 영상은 기획-촬영-편집이 중요하다.
	2개 이상의 어구가 밀접한 관련이 있음을 나타내고자 할 때 쓴다.	원-달러 환율이 상승했다.
물결표 (~)	기간이나 거리 또는 범위를 나타낼 때 쓴다. 기간이나 거리 또는 범위를 나타낼 때는 붙임표(-)를 쓰는 것도 허용합니다.	1월 1일~1월 5일에 서울~부산을 왕복했다.
드러냄표 (ˊ) 밑줄 (＿)	문장 내용 중에서 주의가 미쳐야 할 곳이나 중요한 부분을 특별히 드러내 보일 때 쓴다.	10월 9일은 한글날이다. 중요한 건 어휘력이다.
숨김표 (○, ×)	금기어나 공공연히 쓰기 어려운 비속어임을 나타낼 때 그 글자의 수효만큼 쓴다.	나쁜 ○○야.
	비밀을 유지해야 하거나 밝힐 수 없는 사항임을 나타낼 때 쓴다.	김×× 씨는 익명을 요구했다.
빠짐표 (□)	옛 비문이나 문헌 등에서 글자가 분명하지 않을 때 그 글자의 수효만큼 쓴다.	大師爲法主□□賴之大□薦
	글자가 들어가야 할 자리를 나타낼 때 쓴다.	우리말을 □□ 이라고 한다.
줄임표 (……) 줄임표는 아래쪽(......)에 찍을 수도 있으며 세 점(…)을 찍을 수도 있습니다.	할 말을 줄였을 때 쓴다. 마지막에 마침표(.)를 쓰는 것이 원칙입니다.	"이번엔 제가 한번……."
	말이 없음을 나타낼 때 쓴다. 마지막에 마침표(.)를 쓰는 것이 원칙입니다.	"안녕?" "……."
	문장이나 글의 일부를 생략할 때 쓴다.	동해물과 백두산이 ……우리나라 만세.

복습문제 정답

2장 오해의 영역: 올바르게 표현하기

001 가죽을
002 곱절이나
003 겉잡아
004 결단을
005 그러므로
006 꽁지를
007 꽂아
008 고난도
009 너비가
010 넓죽한
011 놀라서
012 개봉했대
013 데를
014 돋우는
015 두터운
016 뒤처진
017 먹먹해졌다
018 뭐든지
019 무리야
020 밤새웠어
021 베개를, 베세요
022 붇기
023 불거지자
024 사달을
025 상서로운
026 스러지자

027 알맹이가
028 애먼
029 어이없어서
030 언니에게
031 유례없이
032 출연해
033 한참

3장 상식의 영역: 정확하게 표현하기

034 부결됨에
035 도청하고
036 고소하기로
037 고소장을
038 통시적으로
039 교도소로
040 귀납적으로
041 남용한
042 열전으로
043 생태탕이
044 이익을
045 유기농
046 형사
047 세균에
048 발명했다
049 통역
050 병원에는
051 부조금

052 제품을
053 원고는
054 이상의
055 일체의
056 임차료이다
057 자료를, 정보이다
058 자산은
059 600주년
060 중반이에요
061 채무자가
062 충분조건이다
063 10%p
064 피의자는
065 한국어를
066 항체가

4장 교양의 영역: 섬세하게 표현하기

067 가관이다/장관이다
068 굵어져서
069 감사합니다/고맙습니다
070 개발
071 찌개가
072 국민에게, 국민으로부터
073 귀경길에
074 냄새지
075 효율적으로
076 님

077 다르게
078 당황했다
079 머리에
080 탓을
081 못
082 반나절/한나절
083 반증하려면
084 벌써
085 사람
086 사용자와
087 새
088 선입견이에요
089 순진해서
090 신생아라고
091 얘예요
092 아버지와
093 좋아했었어
094 우리나라
095 잇달았다
096 특기가
097 참조하세요
098 피로를
099 피난민을
100 햇빛이

한 끗 어휘력

초판 1쇄 2024년 10월 9일
초판 2쇄 2024년 11월 20일

지은이 박선주
펴낸이 허연
편집장 유승현 **편집1팀장** 김민보

책임편집 장아름
마케팅 한동우 박소라 구민지
경영지원 김민화 김정희 오나리
디자인 김보현 한사랑

펴낸곳 매경출판㈜
등록 2003년 4월 24일(No. 2-3759)
주소 (04557) 서울시 중구 충무로 2(필동1가) 매일경제 별관 2층 매경출판㈜
홈페이지 www.mkpublish.com **스마트스토어** smartstore.naver.com/mkpublish
페이스북 @maekyungpublishing **인스타그램** @mkpublishing
전화 02)2000-2611(기획편집) 02)2000-2646(마케팅) 02)2000-2606(구입 문의)
팩스 02)2000-2609 **이메일** publish@mkpublish.co.kr
인쇄·제본 ㈜M-print 031)8071-0961
ISBN 979-11-6484-713-6(03800)

ⓒ 박선주 2024

책값은 뒤표지에 있습니다.
파본은 구입하신 서점에서 교환해 드립니다.